내
통장
사용
설명
서
3.0

내 통장

사용 설명서 3.0

이천 지음

세이지

급변하는 금융환경 속에서도 살아남은
재테크의 정수만 담다

"포기하지 않고 준비하면 기회는 반드시 옵니다."

올봄, 출판사 대표로부터 『내 통장 사용설명서』의 개정 제안을 받고 흔쾌히 작업하겠다고 약속했습니다. 2009년 웅진윙스에서 출간한 초판, 2017년의 1차 개정판에 이어 세 번째 작업입니다. 20년 동안 정말 많은 독자분이 『내 통장 사용설명서』를 기본 재테크 지침서로 사랑해주시고 호평해주셨습니다. 그 성원에 보답하는 의미로 더 완벽한 내용을 담아 독자분들께 도움을 드리고 싶었습니다.

초판을 낸 2009년은 2008년에 터진 서브프라임 발 글로벌 금융위기가 채 아물기 전이었습니다. 2017년 첫 개정판을 낼 때는 정치적인 혼란을 추스르고 새 정부가 출발했지만 경제 상황은 여전히 좋지 않을 때였습니다. 지금은 코로나19 사태와 부동산, 주식 시장에 부풀어 오른 자산 거품이 언제 터질지 모르는 일촉즉발의 상황입니다.

그러고 보니 『내 통장 사용설명서』는 좋은 시절보다 좋지 않은 시절에 나왔습니다. 하지만 아무리 어려운 시절이라 해도 시류에 휩쓸리지 않고 기본 원칙을 지켜 차근차근 자산을 불리다 보면 좋은 기회를 만나 경제적으로 만족스러운 결과를 얻을 수 있습니다. 이는 재무상담을 해온 25년 동안 제가 일관되게 강조한 점이며, 실제 성공 사례를 수없이 목격하였습니다. 이번 개정판도, 다른 재테크 책들처럼 투자 방법에만 치우치거나 시류에 편승하지 않고, 흔들리지 않는 금융의 기본과 원칙을 바탕으로 꼭 필요한 내용을 가득 담아 독자분들이 차근차근 자신을 불려 갈 수 있도록 준비했습니다.

최근 부동산 가격 폭등으로 많은 사람이 절망하고 있습니다. 내 집 마련은 요원해지고 급해진 마음에 대안으로 주식이나 코인 투자에 나서기도 하지만 호락호락하지 않고 뜻대로 자산이 잘 불어나지도 않습니다. 더구나 여윳돈이 아니라 영혼까지 끌어온 자금, 또는 대출을 받아 투자한 사람이 많기 때문에 투자 당사자도, 지켜보는 사람도 위태롭기만 합니다.

지금 모든 자산에 거품이 잔뜩 끼었다는 것은 모두가 인정할 것입니다. 부풀어 오른 거품은 언젠가는 꺼집니다. 내일 꺼질지 아니면 내년 봄에 꺼질지 누구도 확신할 수 없지만 반드시 거품이 꺼진다는 것만큼은 분명합니다. 역사를 돌이켜볼 때 이 사실은 변함이 없습니다. 역사는 늘 반복되기 때문입니다.

경제에 거품이 꺼질 때 가장 중요한 것은 위험 관리입니다. 경제적 타격을 아예 받지 않거나 그 충격을 최소화할 수 있는 자산 상태를 만들어 놓아야 합니다.

앞으로 금리는 오를 가능성도 있지만 정확히 예측하기는 어렵습니다. 게다가 미국에서 양적 완화를 축소하는 방향으로 노선을 잡았기 때문에 10년 넘게 이어진 저금리 시대와는 달라졌습니다. 특히 '영끌' 투자자는 이런 달라진 시대를 이해해야 합니다. 자산 관리를 포기하고 내일이 없는 것처럼 사는 분들도 기억하십시오. 절대 포기하면 안 됩니다. 지금 상황이 암울하다고 포기하면 앞으로 좋은 기회가 와도 전세를 역전시킬 수 없습니다. 포기하지 않고 차근차근 준비하다 보면 좋은 기회가 반드시 찾아옵니다.

지난 25년간 '희망재무설계'라는 한 회사를 오래 운영하며 재무 설계를 천직으로 삼아 정말 많은 사람을 만나 지식을 나누고 상담해왔습니다. 지나온 시간을 떠올려보면 자산 관리는 좋은 시절이나 나쁜 시절에 관계없이 대부분의 사람에게 늘 어려운 숙제였습니다. 돈을 모으기에 좋았던 시절보다 그렇지 않았던 시절이 더 많았습니다. 하지만 포기하지 않고 잘 준비하면 더 나은 미래를 만들 수 있다는 사실은 분명합니다. 제가 만났던 분들이 그 사실을 저에게 증명해주셨기에 이 점을 자신 있게 말씀드릴 수 있습니다.

이 책은 한국에 살면서 필수로 갖고 있어야 할 통장 7개를 중심으로 구성했습니다. 이 책에서 말하는 '통장'은 실제 통장이기도 하며 청약과 연금, 보험 같은 금융 상품을 의미하기도 합니다. 누구나 갖고 있는 월급통장부터 예금·적금통장, CMA, 내집 마련에 꼭 필요한 청약통장, 펀드, ETF, 주식, 보험 그리고 노후를 지켜줄 연금까지 대한민국 남녀노소 꼭 필요한 필수 금융 상품 7종을 효과적으로 활용할 수 있는 방법을 담았습니다.

또 월급 관리부터 노후 대비까지 목적별로 종잣돈을 마련해 인생의 고비마다, 급하게 돈이 필요할 때마다 큰 어려움을 겪지 않도록 도움을 줄 것입니다. 여기에 최근 늘고 있는 대출과 마이너스통장 관리법까지 담아 올바른 경제관념을 바탕으로 재무 관리를 할 수 있도록 도울 것입니다.

『내 통장 사용설명서 3.0』 한 권만으로도 자산 관리와 재테크가 가능합니다. 2009년 초판 이후로 12년 동안 빼고 더하고 다듬은 내용이라 독자분들의 재테크 여정에 좋은 동반자가 될 것이라고 믿어 의심치 않습니다. 이 책을 읽고 더 자세히 공부하고 싶은 분야가 생긴다면 책으로 보충하면서 자산 관리 공부에 박차를 가해 보세요.

다시 한번 강조하지만 아무리 힘든 상황이라도 포기하지 않고 준비하면 기회는 반드시 옵니다. 그 기회는 푼돈을 모아 목돈을 만드는 과정에서, 탄탄한 종잣돈을 만들어두었을 때, 청약통장에 꾸준히 저축을 했을 때 등 성실히 돈 관리를 하고 있을 때 찾아올 것입니다. 그 기회를 내 것으로 만들고 싶다면 바로 지금부터 시작하세요. 이 책이 동반자가 될 것이고 꼭 그 노력에 보답을 받으실 겁니다. 아무리 어려운 상황이더라도 용기와

희망을 잃지 마시기 바랍니다.

　이번 개정을 포함해 지난 15년 동안 저와 함께『내 통장 사용설명서 3.0』작업을 함께 해주신 출판사 세이지(世利知)의 이한나 대표님께 감사드립니다. 이 책이 나올 수 있도록 소중한 경험과 지혜를 나눠주시고 늘 변함없이 신뢰를 보내주시는, 제 사랑스러운 고객분들께도 감사드립니다. 이번 개정 작업을 할 수 있게 용기와 과분한 사랑을 베풀어주신『내 통장 사용설명서』의 독자분들께도 진심으로 감사드립니다. 마지막으로 제 삶의 원동력인 사랑하는 가족, 아내 경숙에게 감사하고, 군 생활하고 있는 두 아들 상석, 상현이 건강하게 군생활 잘 마치기를 기원합니다.

가을의 길목에서 이 천

미래를 위해
돈을 불려가고 싶어요

재무 상담을 하며 연봉도, 나이도, 종잣돈도 다른 이들과 이야기를 나누면 자산이 많든 적든 잘되길 바라는 마음이 간절해진다. 몇 해 전, 재테크를 배우고 싶다며 나를 찾아온 회사원이 있었다. 재무 상담을 통해 함께 찬찬히 미래 계획을 세운 뒤 목표에 맞는 금융 상품을 골라 저축을 시작해 지금까지 괜찮은 수익률을 올리며 차근차근 돈을 불리고 있다. '서른 살 김 대리의 재테크 맞춤 과외'에서는 그 과정을 모델 삼아 재테크 실전편으로 다뤄보고자 한다. 전 과정을 함께 살펴보며 재테크의 감을 익히고, 모르고 있던 자신의 재테크 허점도 찾아보자.

김 대리

나이 30살
연봉 3,200만 원(매달 세후 약 230만 원)
상여금 월급의 100%, 연 2회
주거 형태 전세 1억 원 빌라(친구와 보증금을 반씩 나누어 냄)

재무 목표 아직 번 돈보다 쓴 돈이 많지만 지금부터 잘 관리해 지금 사귀고 있는 여자친구와 5년 안에 결혼하는 것이 목표다.

▶ 김 대리를 위한 재테크 맞춤 과외는 통상 설명 후 함께합니다.

평생
자산을
지키고
불려줄
핵심 통장 7

푼돈 관리의 기적, 월급통장

돈을 모으는 절대 법칙이 있다. 하나는 수입을 늘리는 것이다. 직장이나 사업에서 성과를 올려 지속적으로 수입을 올리는 방법이다. 가장 좋은 방법이지만 시간이 오래 걸린다. 둘째는 지출을 줄이는 것이다. 씀씀이를 줄인 돈으로 저축과 투자를 해서 돈을 불리는 방법이다. 이 방법은 바로 실행이 가능하다.

돈을 모으는 절대 법칙

1 | 수입을 늘린다: 장기적 과제

2 | 지출을 줄인다: 바로 실행 가능

우리가 해야 할 재테크의 장기적인 목표는 수입은 늘리고 지출을 줄여 종잣돈을 만든 후 감당 가능한 리스크를 안고 부채를 일으켜 자산을 키우는 것이다. 이 방법은 이 책 전반에 걸쳐 다룰 것이다.

이 장에서는 지출을 줄이는 핵심 통장, 수시입출금통장에 대해 이야기해보고자 한다. 경제 활동을 하는 사람이라면 누구나 갖고 있는 수시입출금통장. 언제 어디서든 입출금이 쉽고 다른 상품으로 연계할 때 플랫폼 역할을 하기 때문에 가장 기본이자 필수인 통장이다.

많은 직장인들이 월급생활자에게 특화된 수시입출금 상품인 월급통장을 가입해 쓰고 있다. 월급통장은 가장 중요하고 자주 쓰는 통장이지만 정리가 잘 안 되는 통장이기도 하다. 신용카드비, 적금, 보험료, 연금 그리고 각종 공과금이 빠져나가 통장 정리할 사항이 많기 때문이다. 넷플릭스 등의 정기 결제와 자동이체를 설정해 놓고 체크카드까지 쓰다 보면 수시로 돈이 들어왔다 빠져나가는 내역이 많아 관리가 쉽지 않다.

이렇듯 이용이 빈번하고 누구나 한 개 이상 사용하지만 관리가 쉽지 않고 비용이 발생하기도 하는 월급통장, 과연 어떻게 다뤄야 할까? 수시입출금통장을 효율적으로 관리하고 영리하게 활용하는 방법은 무엇인지 알아보자.

재테크의 1원칙, 불필요한 비용은 반드시 줄인다

　수시입출금통장은 돈을 관리하기 위한 기본 허브로 생각하는 것이 좋다. 서울역이 서울 시내는 물론, 지방과 해외로 연결되는 중심 플랫폼인 것처럼 말이다. 이 플랫폼을 꽉 틀어쥐고 전략적으로 운용한다면 우리는 작은 규모의 돈 관리부터 먼 미래의 노후 준비까지 해낼 수 있다.

　수시입출금통장은 이자는 낮고 상대적으로 수수료가 높은 편이다. 대부분 연이율이 0.1%로 이자가 거의 붙지 않는 반면에 현금인출기에서 현금을 찾을 때 붙는 수수료는 시간과 위치, 기계에 따라 500~1,500원 정도로 적지 않다. 100만 원을 은행

주요 시중 은행 현금 인출 시 수수료 비교
(단위 : 원)

은행	같은 은행에서 인출 시		다른 은행에서 인출 시	
	영업시간	영업시간 이후 (보통 오후 6시)	영업시간	영업시간 이후
KB국민은행	면제	150~500	700	1,000
신한은행	면제	250~500	700	900
우리은행	면제	500	700	1,000
하나은행	면제	250~500	700	900~1,000
농협	면제	250~500	800	1,000
카카오뱅크	면제	면제	면제	면제

에 1년 동안 예치했을 때 붙는 이자가 1,000원 안팎임을 생각하면 큰돈이다.

부동산, 주식 투자 등으로 돈을 불리는 것보다 불필요한 비용을 줄이는 것이 재테크의 1원칙임을 상기해볼 때, 줄여야 할 비용의 대표적인 예가 은행 수수료다. 앞에서도 밝혔듯이 수시입출금통장의 경우 이자가 거의 없다고 봐야 한다. 반면 거래하는 은행의 현금인출기에서 마감 시간이 지난 후 5만 원을 출금하면 1회에 500원을 내야 한다. 받을 이자보다 은행에 내는 수수료가 더 높은 것이다.

재테크를 본격적으로 시작하면 금융회사 간 거래가 많아지므로 수시입출금통장 관리의 핵심은 거래의 편리성과 수수료 면제다. 현금인출 수수료를 줄이는 가장 좋은 방법은 주거래 은행을 지정해 활용하고 수수료 혜택이 좋은 월급통장을 가입하는 것이다. 현재 시중 은행에서는 거래 기간, 상품 가입 여부, 급여 이체 여부, 자동이체 등록 건수, 신용카드 이용 실적 등을 점수로 환산해 우수 고객을 선정하고 혜택을 제공한다. 은행이 우수 고객을 선정하는 데 있어 가장 중요하게 생각하는 것은 급여 이체 여부다. 이제 알찬 혜택이 있어 잘 활용하면 효과적인 월급통장에 대해 살펴보자.

재테크의 첫 단추, 월급통장

월급통장으로 쓸 수 있는 수시입출금통장을 개설하려면 신분증과 재직증명서가 필요하다. 대체로 지정된 급여일에 약 50만 원 이상의 금액이 입금되어야 하기 때문에 취업했거나 아르바이트를 하여 주기적으로 목돈이 들어온다면 바로 신청하는 것이 좋다. 월급통장은 대부분 한 은행에 1인 1계좌만 가능하고, 다른 수수료 면제 상품과 중복 가입이 불가능하다.

월급통장을 하루라도 빨리 개설해야 하는 이유는 수수료 면제 혜택 때문이다. 요즘 시중 은행에서 출시한 월급통장은 대부분 이체 수수료와 현금 인출 수수료(영업시간 내) 면제 혜택을 준다. 타 은행 현금인출기에서 출금을 해도 수수료가 면제되기도 한다. 그리고 신용카드 연회비를 면제해주거나 외화를 환전하고 송금할 때 환율 우대를 해준다.

은행은 다양한 혜택이 있는 월급통장 상품을 지속적으로 출시하고 있다. 그 목적은 무엇일까? 월급통장을 매개로 신규 고객을 유치해 예금·적금이나 대출, 펀드 등 수익이 높은 금융 상품을 지속적으로 판매하기 위해서다.

지금도 여전히 익숙한 한 은행만 이용하는 고객이 많다. 게다가 한 번 은행 앱을 깔고 시스템에 익숙해지면 조금 손해를 보더라도 쉽게 은행을 바꾸려 하지 않는다. 하지만 첫 단추부터 제대로 꿰어야 자산 관리에 속도가 붙는다. 여러 은행이 선보이는 경쟁력 있는 월급통장들을 비교하여 살펴보고 자신에게 맞는 유리한 통장을 선택해보자.

카카오뱅크, 월급통장으로 괜찮나요?

최근 고객들과 상담할 때 사용하는 수시입출금통장을 살펴보면 카카오뱅크를 기본 계좌로 활용하는 고객들이 급속도로 늘었다. 상담자들은 "월급통장으로 카카오뱅크를 써도 괜찮나요?"라는 질문

을 많이 하는데, 물론이다. 카카오뱅크와 케이뱅크 같은 인터넷전문은행은 금융위원회의 인가를 받아 등록된 1금융권이다. 안전성 면에서 기존 은행과 큰 차이가 없다.

특히 코로나19로 언택트 시스템이 비약적으로 발전하면서 편리함과 번뜩이는 아이디어를 담은 금융 상품을 출시하는 카카오뱅크의 성장세가 두드러진다. 그래서인지 금융소비자연맹이 선정한 좋은 은행 순위에서 카카오뱅크가 국내 대형 은행을 제치고 1위를 차지하기도 했다.

인터넷뱅크가 시중 은행과 비교해 어떤 장점을 가졌기에 출범한 지 5년 만에 시장을 들쑤시던 메기에서 덩치 큰 고래가 된 것일까? 가장 주된 이유는 이용의 편리함과 빠른 업무 처리, 수수료 혜택 때문이다.

월급통장의 핵심은 이체·출금 수수료 혜택과 대출 등을 염두에 둔 확장성이다. 카카오뱅크와 케이뱅크 등의 인터넷뱅크는 수수료 절감과 편리성 면에서 기존 은행을 뛰어넘는다.

이체 수수료 면제는 물론 타사 시중 은행의 현금지급기에서 돈을 인출해도 수수료가 면제된다. 거기에 불편한 공동인증서나 OTP카드의 장벽 없이 비밀번호, 지문과 패턴으로 이체가 가능하다. 그 외에도 몇백 원 단위의 잔돈을 매일 적금으로 모아주는 저금통 상품, 26주 적금, 모임 통장 등 젊은 세대들이 열광하는 금융 서비스를 제공한다. 편하고 안전하고 재미있기까지 한 은행을 굳이 마다할 이유가 없다.

카카오뱅크의 가장 큰 약점이었던 주택담보대출도 이제는 가능해졌다. 오랫동안 거래를 하면 은행 거래의 핵심인 대출을 받을 수 있는 신용이 쌓여야 하는데, 카카오뱅크에서 쌓은 거래 내역이 대출받을 때 다른 은행과 동일하게 혜택을 받을 수 있는 것이다. 사용자들의 편의는 날로 늘어날 것으로 전망한다.

줄어드는 은행 점포, 편의점에서 돈 찾자

최근 은행들이 생활금융 플랫폼으로 자리 잡기 위해 다양한 금융 서비스를 선보이고 있다. GS25 편의점에서는 KB국민은행, 신한은행, 우리은행, 케이뱅크 등의 은행 고객이 GS편의점 현금지급기를 이용할 때 수수료를 면제해주는 서비스를 제공한다. 예전에는 급한 일로 편의점에서 돈을 뽑을 때면 적지 않은 수수료를 내야 했는데 이런 서비스를 알아두면 돈을 아끼면서 편하게 금융생활을 할 수 있다. 특히 요즘처럼 은행 점포가 줄어드는 추세에 편의점 현금지급기 인출 수수료 면제는 가뭄의 단비와 같은 혜택이다.

주거래 은행, 충성하지 않아도 좋다

가끔 상담을 하다 보면 주거래 은행을 믿다가 배신감을 느꼈던 고객의 경험을 듣게 된다. 영혼까지 끌어모을 정도로 가진 돈을 모두 모은다는, 일명 '영끌'로 주택을 마련하는 것이 붐이었던 2020년, 지금 집을 사지 않으면 영원히 못 살 것 같다는 조바심으로 대출을 받아 집을 샀던 호영 씨도 마찬가지였다.

호영 씨는 대학 시절부터 거래한 A은행의 장기 우수 고객이었다. 주택담보대출로 3억 원을 받으려고 주거래 은행인 A은행에 문의했더니 우대 금리를 적용해도 금리가 다소 높아 보였다. 혹시나 해서 다른 은행에 방문해 대출을 상담해본 결과 A은행보다 금리가 연 0.48%p 낮았다.

0.5%p도 안 되는 차이지만 대출 기간을 10년으로 계산한다면 상환해야 하는 이자의 차이는 크다. 3억 원을 빌릴 경우 최저 금리를 적용받아 이자만 상환한다고 가정했을 때, A은행에서 대출을 받았다면 연 843만 원을 이자로 갚아야 하고 B은행이라면 연 699만 원을 갚아야 한다. 상환 기간을 10년으로 가정하면 1,440만 원의 차이가 난다.

호영 씨는 그동안 A은행을 주거래 은행이라고 여겨 다른 은행과는 거래하지 않았다. 그런데 한 번도 이용하지 않은 B은행

에서 제시하는 금리가 훨씬 낮은 것을 보고 그동안 믿고 거래했던 A은행에 배신감을 크게 느꼈던 것이다.

2023년 기준, A은행의 주택담보대출 변동금리는 연 7%다. 반면 B은행은 연 4.1%로 B은행의 이자율이 훨씬 낮다. 신용점수가 비슷하고 같은 금액을 빌리는데도 금리 차이가 난다.

주거래 은행을 잘 활용하는 것은 매우 중요하다. 그러나 주거래 은행만이 능사라는 생각은 접어야 한다. 과거에는 은행 대출의 문턱이 높아 주거래 은행 이용이 필수였지만 지금은 그렇지 않다.

은행은 자금을 잘 굴려 수익을 최대한 올리는 것이 주요한 목표이므로 대출이 가능한 사람에게는 누구나 대출을 해준다.

특히 주택담보대출처럼 담보가 확실한 경우라면 주거래 은행이 아니라도 대출 고객에게 혜택을 제공할 수 있다.

다만 신용 대출은 주거래 은행을 이용할 때 다른 은행을 이용하는 것보다 대출 심사 과정이 간편하거나 금리 혜택을 받을 수 있다. 하지만 주거래 은행을 오래 이용했다고 하더라도 신용카드 대금이나 대출이자 상환을 연체한다면 즉각 등급을 낮추고 혜택을 거두어들인다. 따라서 주거래 은행을 잘 활용하되 주거래 은행에만 연연한 필요는 없음을 잘 기억해두자.

최근 들어 고액 자산가가 아닌 이상 주거래 은행이란 개념은 무의미해졌다. 한 은행에 충성한다 해도 은행이 고객을 특별 대우해주는 시대는 끝났다. 어쩌면 한 번도 거래하지 않은 신규 고객을 유치하는 것이 은행 입장에서는 더 이익일 수도 있다. 지금은 금지되었지만 한동안 관행이었던, 신규 고객을 대상으로 한 펀드, 보험, 신용카드 발급 등의 끼워 팔기가 은행에게는 더 유리할지도 모른다.

그래도 은행이 어떤 고객을 선호하는지 알고 있으면 좋다. 신용카드 연체가 없고, 은행 거래가 많은 경우 은행이 고객의 금융 상태를 쉽게 알 수 있어 대출을 받는 데 긍정적으로 작용한다. 또한 수신이나 대출 금리 우대, 환전수수료 혜택, 은행에서 주관하는 각종 이벤트에 참여할 때 제공하는 우선권이나 할인 혜택 등을 받을 수 있다. 사실 그런 혜택을 누리는 경우는 많지 않지만 그래도 자신이 얻을 수 있는 혜택은 놓치지 말고 평소에 잘 정리해두어 필요할 때 이용해보자.

주거래 은행의 우수 고객이 되는 방법

1 월급통장 개설하기

2 예금·적금 등 은행에서 취급하는 금융 상품 가입하기

3 각종 공과금, 적금, 대출 이자, 카드 결제 등을 월급통장에서 자동 이체 되도록 설정하기

4 주거래 은행의 신용카드 사용하기

5 대출 이자, 신용카드 결제 대금 연체하지 않기

6 가족의 거래 실적 합치기

7 계열 금융 회사의 상품 이용하여 포인트 합산하기

8 거래 기간 장기적으로 유지하기

9 외화 환전, 송금 시 주거래 은행 이용하기

10 금융 거래를 주거래 은행으로 집중시키기

흩어진 돈 긁어 모으자, 계좌정보통합관리서비스

국민은행 통장에 3만 원, 농협은행에 2만 원, 신한은행에 9,000원……. 찾기는 귀찮고 안 찾자니 아까운 휴면 계좌 속 숨은 돈, 통장 없이 찾을 수 있을까? 기존 계좌의 내용을 새로운 계좌로 간편하게 옮길 수 있는 '계좌이동 서비스'로 가능하다.

내가 거래한 모든 은행의 휴면 예금이나 휴면 보험금을 조회해 숨어 있는 돈을 발견하면 1,000만 원 이하는 바로 원하는 계좌로 이체할 수 있다. 그뿐 아니라 여러 은행에 걸려 있는 자동이체를 한 번에 해지하거나 신규 계좌로 변경할 수도 있다. 이는 계좌정보통합관리서비스 홈페이지(www.payinfo.or.kr)를 이용하거나 은행 어플 또는 영업점을 직접 방문해서 신청할 수 있다.

계좌정보통합관리서비스 홈페이지는 내 계좌에 연결된 자동이체 정보를 일괄 조회할 수 있는 계좌자동이체조회 서비스, 모든 금융 회사에 등록된 자동이체 정보 중 원치 않는 내역을 쉽게 해지할 수 있는 계좌자동이체해지 서비스, 자동이체 계좌를 다른 계좌로 변경할 수 있는 계좌자동이체변경 서비스를 제공한다. 이 서비스들을 이용하려면 주민등록번호와 공동인증

서가 필요하다.

여러 금융 회사에 등록된 자동이체를 한 번에 조회할 수 있어서 요금 청구기관이 부당하게 등록했거나 계약이 종료된 자동이체가 삭제되지 않았을 경우 이를 확인할 수 있어 계좌 관리가 편리해지고 금융사고도 예방할 수 있다.

최근에는 서비스가 업그레이드되면서 시중 은행뿐 아니라 증권사, 2금융권, 카드사, 보험사 계좌나 가입 정보, 대출 정보까지 한눈에 조회할 수 있다. 계좌이동 서비스가 시행되면서 소비자는 편리해지고 은행 간 고객 모시기 경쟁은 치열해졌다.

소비를 줄이는 기술, 돈을 쪼개고 숨겨라

100만 원 중에서 10만 원을 쓰기는 쉽지만 20만 원이 전 재산일 때 10만 원 쓰기는 어려운 법이다. 돈이 부족하면 한도 내에서 적재적소에 쓰기 위해 궁리하게 되므로 소비는 자연히 줄어든다. 통장을 잘 운용하는 방법은 통장에 돈이 마르게 하는 것이다. 물론 써서 없애는 게 아니라 쓸 수 없는 상황을 만드는 것이다.

요즘 대포통장 때문에 통장 여러 개를 만드는 게 어려워졌지만 대부분 수시입출금통장은 2개 이상 가지고 있는 것이 보통이다. 살다 보면 한 은행만 거래할 수는 없기 때문인데, 그러다 보니 자주 쓰는 수시입출금통장 이외에 나머지 통장은 서랍 어딘가에 방치되어 있게 마련이다. 그 통장을 의미 있게 활용하는 고객을 만난 적이 있다.

시내 한 대형 서점에서 근무하며 재테크 분야 책을 관리하다가 내가 쓴 책을 보고 사무실에 찾아와 상담을 받은 새내기 직장인이었다. 하나은행 통장으로 월급을 받는 그는 매달 받는 월급 중 용돈으로 50만 원만 국민은행 계좌로 입금한다고 했다. 그리고 월급통장 안에서 월세, 공과금과 적금 등을 자동이체하고, 국민은행의 체크카드는 소비 목적으로 들고 다닌다는 것이었다. 비정규직에 월급이 많지 않은 20대 직장인이었지만 알뜰하게 월급을 관리하는 모습이 대견하게 느껴졌다.

그는 친구들을 만나면 이상하게 늘 자신이 계산을 해야 마음이 편한 스타일이었다고 한다. 그러다 한정된 50만 원 안에서 소비를 하니 더치페이를 하며 '한턱병'도 서서히 치유되고 자연히 씀씀이가 확 줄어들었다는 경험을 전해주었다.

가끔 고객들의 소비 패턴을 꼼꼼히 살펴보면 사람마다 유난히 통제가 안 되는 지출 항목이 있다. 옷이나 화장품 같은 꾸밈 비용이나 IT 기기·자동차 관련 소비, 교제비, 외식비 등이 그런 경우이다. 이럴 때는 한 달 소비지출 중에 통제가 잘 안 되는 지출 내역을 파악해 따로 관리하는 것이 필요하다.

최근 상담하며 폭발적으로 늘어난 비용이 외식·배달 식비다. 《내 통장 사용설명서》 초판이 나왔던 2009년 무렵, 상담을 하며 가계부를 살펴보면 외식도 많지 않고 배달 횟수도 한 달에 두세 번, 메뉴는 짜장면이나 치킨, 피자 정도였다.

요즘 상담자들의 가계부

를 보면 일주일에 두세 번 배달은 기본에 육회, 쌀국수, 꼼장어, 디저트까지 메뉴도 화려해졌다. 맛집TV, 먹방 등 미디어의 영향으로 미식에 대해 관심이 늘고 배달앱으로 다양한 메뉴의 배달이 손쉬워졌기 때문이다. 회당 배달 음식 가격도 평균 3~4만 원대로 높아졌다. 혼자 사는 상담자의 한 달 식비가 100만 원이 넘는 경우도 왕왕 본다.

한편 돈을 아낄 수 있는 가장 큰 항목도 외식·배달 식비다. 만약 외식비를 많이 쓰는 편이라 좀 줄여야겠다고 마음먹고 한 달에 20만 원만 쓰겠다고 가정해보자. 이럴 때는 20만 원만 소비 통장에 이체해 놓고 배달앱에 이 체크카드만 등록하여 사용하면 외식비 지출을 통제할 수 있다.

제일 좋은 방법은 배달앱을 삭제하는 것이다. 꼭 필요할 때 배달앱을 다시 설치하더라도 일단 삭제하고 전화로만 배달시켜보자. 꽤 오랜 기간 배달 억제 효과를 볼 수 있을 것이다. 다음 월급 받기 전에 돈을 다 써버리면 월급을 받을 때까지 외식을 미루겠다는 의지 또한 필수다.

신용카드, 감당할 수 없는 소비의 시작

체크카드는 내 통장에 잔고가 없다면 사용할 수 없는 지출 수단이다. 반면 신용카드는 당장 돈이 없어도 은행이 대신 외상으로 결제해준다. 강의나 상담할 때 사회 초년생들에게 늘 강조하는 이야기가 있다. 신용카드의 혜택은 돈이 정말 많고 지출 통제를 잘하는 사람들이 누리는 것이라고 말이다.

최초의 신용카드는 원래 미국의 부유한 사업가들의 저녁 모임, 즉 다이너스클럽에서 시작됐다. 맨해튼 레스토랑에서 비즈니스 미팅을 한 후 지갑을 놓고 와 곤란을 겪은 자산가가 신용만으로 불편 없이 결제할 수 있는 시스템을 만들고 사교 모임을 조직한 데서 신용카드가 탄생했다.

돈을 아끼고 계획적으로 살아야 하는 대부분의 사람들은 돈을 쓰는 데 어느 정도 불편함이 있어야 한다. 지출 통제가 쉽지 않은 사람들은 포인트나 할인 혜택을 보려다가 지출 습관만 망치는 것이 다반사다. 지출 습관만 나빠지는 게 아니라 빚에 대한 나쁜 습관까지 몸에 달라붙는다. 대부분 신용카드가 빚, 단기 대출금이라는 생각을 하지 않고 사용하

기 때문이다.

통장 잔액이 부족하면 사용할 수 없는 체크카드의 불편함을 해소하기 위해 체크카드와 신용카드를 결합한 하이브리드 체크카드가 출시되었지만 이는 결과적으로 신용카드나 마찬가지다. 통장에 잔고가 없을 때는 월 30만 원까지 신용으로 지출할 수 있는 기능을 더한 카드이기 때문이다. 어떻게 보면 편리한 기능이지만 지출 통제를 위해 사용하는 체크카드의 목적과는 맞지 않는다.

'통장 7개로 시작하는 세상에서 제일 쉬운 재테크' 강의에서 사회 초년생 주형 씨를 만났다. 주형 씨는 결제할 때마다 통장 잔고를 신경 쓰기 싫어 하이브리드 체크카드를 사용하고 있다고 했다. 처음에는 체크카드 잔고에서 부족한 몇만 원만 사용했는데 어느 순간 추가 한도 30만 원을 꽉꽉 채우게 됐다고 한다. 어떤 때는 30만 원이 부족할 때도 생겼다. 매달 월급과 지출은 일정한데 한도 30만 원을 다 쓰니 매달 적자가 발생했고 그 이후로도 악순환은 계속됐다.

신용카드 사용액은 단기에 갚아야 할 외상이고 신용카드를 계속 사용하다 보면 빚에 둔감해진다. 학자금대출이나 주택담보대출처럼 미래를 위해 불가피하게 내는 빚이 아니라 소비성 부채를 늘리는 단초가 된다. 돈을 아끼려는 마음을 먹었다면 신용카드를 멀리하고 체크카드를 가까이해야 하는 이유다.

신용카드가 빼앗는 아껴 쓰는 감각

소비를 통제할 수 있는 가장 좋은 방법은 사실 현금을 쓰는 것이다. 백화점에서 30만 원짜리 재킷을 살 때 만 원짜리 현금을 한 장씩 세어가며 계산한다면 어떨까? 술값 10만 원을 카드로 긁기는 쉽지만 지갑 안에 아껴두었던, 황금빛 오만 원권으로 지불하려면 느낌이 다를 것이다. 현금이 없을 때는 일일이 돈을 뽑기도 불편하고 다시 생각해볼 시간도 생기기 때문에 소비를 더 잘 관리할 수 있다. 그렇지만 바쁜 일상에 꼭 현금을 찾아서 쓰라고 권하기는 어렵다. 그래서 대안으로 체크카드를 권하는 것이다.

체크카드를 권하는 이유는 신용카드보다 즉흥적인 외상 구매를 줄일 수 있고, 정해진 예산 안에서 지출하는 습관을 기를 수 있기 때문이다. 월급 받기 전에 돈이 떨어지면 허리띠를 졸라매는 경험도 할 수 있다. 잔고 2만 원으로 월급날까지 버티는 경험, 그런 경험이 모여서 큰돈을 모을 수 있는 자산이 된다.

미래에 쓸 돈을 끌어오기보다 지금 당장 소비를 통제하는 경험이 중요하다. '몇십만 원 정도는 신용카드로 써도 되겠지'라고 생각할 수도 있겠지만 조그만 구멍이 둑을 무너뜨리듯이 고생 끝에 겨우 만든 좋은 지출 습관을 일거에 무너뜨린다. 지출 통제가 잘 안 되거나 자신이 없다면 조금 불편해도 지금부터라도 체크카드를 사용하자.

금리가 오를 때 더욱 유용한 CMA 통장 완벽 활용법

CMA는 종합금융회사나 증권사가 고객이 예치한 자금을 우량한 어음이나 채권 등에 투자해 그 수익을 고객에게 돌려주는 대표적인 단기 금융 상품이다. 종금사나 증권사에서 취급하는 상품이기 때문에 대부분 종금사나 증권사에서 개설할 수 있다.

CMA가 재테크 고수들에게 알려지기 시작한 2010년대에는 은행의 수시입출금통장 금리가 대부분 0.1%인 데 반해 CMA는 하루만 맡겨도 연 4~6%의 이자를 주었다. 재테크 고수들만 알던 CMA가 널리 알려지면서 은행의 수시입출금통장에 있던 단기 자금이 CMA로 대거 이동했다.

재테크에 대한 소비자의 관심이 높아지고 입소문이 나면서 자금 이동이 급격히 증가하자 은행들도 위기를 느끼고 조건만

충족하면 고금리를 주는 수시입출금통장을 속속 개발하며 고객을 빼앗기지 않기 위해 안간힘을 썼다.

이런 은행의 노력과 더불어 급격한 금리 하락으로 시중 금리가 낮아졌고 CMA 금리도 덩달아 낮아지자 은행의 급격한 자금 이탈은 멈췄다. 오히려 CMA로 갔던 많은 고객이 다시 은행으로 귀환했다. CMA 열풍으로 증권사에 빼앗겼던 고객들을 되찾아오면서 은행들은 다시 수시입출금통장의 금리를 소리소문 없이 낮췄다.

하지만 CMA는 여전히 경쟁력을 지니고 있다. 은행의 수시입출금통장은 평균 잔액을 기준으로 금리를 주지만 CMA는 조건 없이 하루만 맡겨도 이자를 주기 때문이다. 또 CMA에 체크카드 기능을 더하고 불편했던 소액 결제 기능도 편리하게 바꾸었다. 인플레이션에 대한 우려가 커지고 있는 요즘, 한국은행이 인플레이션을 잡기 위해 금리 인상을 시작했으니 CMA는 다시 주목받을 것이다.

갑자기 들어온 인센티브, 자투리 돈은 CMA에

CMA 통장의 가장 큰 장점은 언제라도 빼 쓸 수 있는 유동성과 하루만 맡겨도 이자를 준다는 데에 있다. 곧 다가올 재계약 임대 보증금이나 병원비, 휴가비처럼 비상시에 사용할 자금과 당장 갈 곳 없는 목돈을 넣어두기에 좋다. 다른 수시입출금통장보다 조금이라도 더 많은 이자를 받을 수 있다는 점이 만족스러운 상품이다.

구체적으로 살펴보면, 유사시에 필요한 가계의 비상 예비 자금은 아무 때나 꺼내 쓸 수 있으면서도 꺼내 쓸 때 손해를 보지 않아야 한다. 그래서 비상금과 비슷한 종류의 자금은 CMA 통장에 넣어두는 것이 유리하다.

또한 매월 급여를 받고 남은 자투리 돈이나 금융 상품의 만기가 돌아왔는데 아직 마땅한 투자처를 찾지 못한 돈, 뜻하지 않게 생긴 목돈이나 인센티브 같은 비정기적인 수입 등은 저축이나 지출을 결정하는 데 시간이 걸린다. 의사결정 전까지 CMA에 넣어두면 그 기간에 이자를 챙길 수 있다. 단기간에 여행을 가기 위해 모으는 돈이나 갖고 싶은 아이템을 사기 위해 짧은 기간에 모으는 돈도 CMA를 이용하면 좋다.

CMA는 투자 수익을 올리려고 이용하는 금융 상품이 아니라 단기간에 사용처가 정해지지 않는 돈의 임시 보관소 역할을 하는 상품이다. 하루만 맡겨도 이자 수익을 얻을 수 있다는 장점이 있는 통장으로, 기준금리가 낮은 시기에는 은행의 수시입

1 | 푼돈 관리의 기적, 월급통장

출금통장 이자에 비해 큰 매력을 느끼지 못하겠지만 기준금리가 상승하면 상승률만큼 매력을 더한다는 점을 기억하자.

유동성에 대비하라, 통장 쪼개기

부자들이 위기에 흔들리지 않는 이유는 돈이 많아서이기도 하지만, 구체적으로는 유동성 때문이다. 내가 본 부자들은 계획 없이 목돈을 깨지 않았다. 갑작스러운 사고나 질병, 퇴사 등 살면서 위기는 누구에게나 찾아온다. 부자들은 위기에 신속하게 대처할 수 있는 현금 방편을 늘 마련해 놓고 있었다.

하지만 대부분의 사람들은 갑작스러운 위기가 찾아오면 목표를 세워 차곡차곡 준비했던 적금, 보험, 펀드나 주식 등을 손실을 보고 해약·매도하곤 한다. 수년간 노력한 재무 계획이 물거품이 되는 것이다.

우리가 살면서 반드시 맞게 될 유동성의 순간에 잘 대응할 수 있는 방법이 바로 통장 쪼개기다. 통장 쪼개기는 지출 흐름을 계획적으로 틀어막는 기술이다. 지출 관리에서 중요한 것은 아파트 관리비나 공과금같이 매달 지출하는 항목이 아니라 옷과 같은 꾸밈 비용이나 경조사비처럼 비정기적으로 지출하는 항목들을 잘 관리해 통장을 여러 개로 만드는 것이다. 그래야 합리적인 저축과 투자로 돈을 효과적으로 모을 수 있다.

효과적인 통장 쪼개기 방법을 소개하려고 한다. 나와 상담하는 내담자들에게 권하는 방법으로, 각자 특성에 따라 3개 또는 4개로 통장을 쪼개서 사용할 것을 추천하며 통장과 체크카드마다 반드시 어떤 목적으로 만들었는지 이름표를 붙여 놓자.

통장 1 | 월급통장+생활비 통장

월급통장은 적금이나 펀드, 대출 원리금, 보험료, 관리비 등 매월 고정적으로 지출하는 항목들을 자동이체되도록 해두고, 남는 돈을 매달 생활비로 사용한다.

통장 2 | 비상 예비 자금 통장

갑작스러운 질병이나 사고, 해고 등으로 소득 활동이 끊겼을 때를 대비한 통장이다. 이 통장이 있으면 적금을 깨거나 주식을 팔지 않아도 위기에 대처할 수 있다. 이론적으로는 생활비의 3~6배를 확보하는 것이 정석이지만 보통 한두 달 치 급여 정도면 괜찮다.

꼭 마련해두어야 할 통장이지만, 문제는 내담자들이 돈이 부족해지면 이 통장에서 가장 먼저 돈을 쏙쏙 빼 쓰는 바람에 저축이나 투자를 헛수고로 만들곤 했다는 점이다. 또 비상금은 수시입출금통장이나 CMA에 넣어두는데 아무래도 이자가 적다 보니 주식 등에 투자하고 싶어 하는데 그러면 안 된다. 그래서 요즘은 생활비의 3~6배가 아닌 한 달 치 급여 정도를 비상금으로 떼어 놓고 원래의 목적이 아니면 사용하지 말라고 못을 박는다.

통장 3 | 인간관계 통장

살다 보면 이사를 준비할 때, 형제가 결혼을 할 때, 부모님이 환갑을 맞았을 때 등 한 달 생활비 내에서 해결할 수 없는 크고 작은 비용을 써야 할 때가 생긴다. 이런 지출들은 미리 예상해 1년 치를 합산한 뒤 12로 나눠 매달 통장에 넣어두면 비정기 지출이 많은 달에 돈이 없어 쩔쩔매지 않는다. 가령 연말에 이사를 계획하고 있다면 이사비와 부동산중개료 정도는 이 통장에 미리 마련해두자. 또 여행이나 취미 등으로 목돈이 필요한 경우 매월 이 통장에 적절한 금액을 따로 떼어 모아 놓고 필요할 때 마음 편하게 사용하자.

통장 4 | 취미 통장

이 통장은 의류비나 외식비 등 특정 지출 항목을 통제하지 못하는 이들에게 추천하는 통장이다. 삶을 풍요롭게 하는 지출이지만 어느 정도 통제가 필요한 항목이 있다면 매월 20~30만 원의 예산을 정해 놓고 월급 받을 때 이 통장에 떼어 꼭 그 범위 내에서만 사용하는 것이 핵심이다. 식도락, 옷, IT 기기 등 유독 지출 통제가 쉽지 않은 항목이 있다면 이 통장을 꼭 만들어보길 바란다.

와인을 좋아하는 내담자가 있었다. 와인 수업을 찾아 듣고 와인에 어울리는 음식까지 먹느라 교제비와 식비가 많이 나왔다. 소프트웨어 프로그램 회사에 다녀 일반 직장인에 비해 연봉이 높은 편이었지만 그래도 월급쟁이다 보니 모임이 많던 겨울에는 심하게 적자가 나기도 했다. 이 내담자는 재무 상담을 받은 후 와인과 관련한 활동을 위해 매달 평균 50만 원만 쓰기로 결심하고 CMA에 돈을 넣었다. 처음에는 소비를 줄이느라 힘들었지만 3~6개월 정도 지나니 돈이 쌓이고 지출이 꾸준히 통제되었다.

통장 쪼개기에는 정답이 없다. 따라서 전문가마다 제시하는 방법이 각각 다르지만 궁극적인 목적은 돈 쓰는 데 불편함을 만들고 욕구를 억제해 월급을 잘 관리해서 목돈을 효과적으로 잘 모으자는 데 있다. 전문가나 돈 관리 잘하는 사람들이 제시하는 통장 쪼개기 방법을 참고해 자신만의 통장 쪼개기 팁을 만들어 실천하는 게 무엇보다 중요하다.

가계부, 왜 써야 할까?

자수성가한 자산가 고객이 있다. 회사 대표인 그는 시간이
나면 회사 수첩을 꺼내 쓴 돈을 기록한다. 내게 수첩을 보여준
적이 있는데 큰 거래 내용을 제외하면 사소한 항목이었다. 누
구누구와 골프 얼마, 점심 얼마 나왔는데 누가 냄, 커피 누구와
얼마, 이발비 얼마 등이었다. 물론 카드로 결제해 은행에서 문
자로 지출 내역을 보내주고, 관리팀 직원은 물론 회사와 거래하
는 세무사, 회계사가 관리를 해주는데도 5~10분 시간이 날 때
면 수첩을 꺼내 하루의 크고 작은 지출을 고집스레 기록했다.
기억력도 좋아서 지출 금액을 다 기억하고 있었다. 자신이 수
첩에 온갖 것들을 적는 모습을 보여주면 직원들도 꼼짝 못 한다
고 너스레를 떨었다.

돈을 모으는 중요한 습관은 나가는 돈에 민감해지는 것이다.
돈이 스쳐 지나가도록 두는
것이 아니라 정확히 파악하
고 관리하는 능력을 키워야
한다.

SNS에서 재미있는 이미
지를 본 적이 있다. '빵 3,000

원, 커피 2,000원, 점심 9,000원······ 합계 1억'. 과장된 예지만 누구나 공감할 것이다. 실제로 우리는 낭비나 과소비를 하는 것도 아니고 꼭 필요한 것만 아껴서 산다고 하는데도 어느새 월급이 사라져 있는 것을 경험한다. 가랑비에 옷 젖듯, 가랑비 같은 지출이 통장의 바닥을 드러내게 한다.

내게 재무 상담을 받았던 한 방송작가는 편의점에서 대충 끼니를 해결하고 늦은 퇴근길에 자주 택시를 탄다고 했다. 상담을 받고 가계부를 써 보니 편의점 군것질 비용과 택시비로 쓴 돈이 수입의 60% 이상이었음을 알게 되었다. 편의점을 자주 들르긴 했지만 이 정도인 줄은 몰랐다고 한다.

지출에는 세 가지 종류가 있다. 고정비를 포함한 소비지출, 투자지출 그리고 낭비다. 가계부를 쓰면 소비지출과 낭비 요소를 파악할 수 있다. 소비지출과 낭비 항목에서 줄인 비용을 투자지출로 옮겨야 한다. 많은 전문가들은 저축을 먼저 한 뒤 남은 돈을 쓰라고 조언한다. 하지만 얼마를 쓰는지 알아야 합리적인 저축액을 결정할 수 있다. 그래서 가계부를 써야 한다.

가계부를 써야 하는 둘째 이유는 재무 목표를 세우고 지켜나가기 위해서다. 배달 음식을 한 달에 10번 시켰다면 가계부를 보고 8번 정도로 줄이는 계획을 세워보는 것이다. 이번 달은 휴대전화 요금이 왜 많이 나왔는지, 대출이자가 제대로 나가고 있는지 등도 점검해볼 수 있다.

월세나 관리비, 통신비와 같은 지출은 매월 고정적이고 큰 변동이 없지만 의류비, 외식비, 병원비 또는 경조사비 같은 비정기 지출은 정확한 금액을 알지 못하고 지나친다. 하지만 가계부를 쓰다 보면 막연하게 생각했던 지출 내역이 구체화되고 불필요하게 새어 나가는 비용을 잡아낼 수 있다.

가계부를 통해 고정 지출을 파악하고 예산을 세운 뒤에야 비로소 '저축 먼저 하고 남은 돈을 써라!'라는 재테크 금언이 시스템으로 돌아가게 된다.

재테크를 방해하는 요즘 트렌드, 월정액 서비스

보통 돈을 아끼려고 하면 커피값이나 꾸밈비, 택시비 등의 소비지출을 줄일 생각을 한다. 소비지출을 줄이는 것도 중요하지만 결심이 느슨해지면 관성대로 돌아오게 마련이다. 요즘에는 소비지출과 더불어 매달 나가는 고정비를 줄이는 것도 중요해졌다.

월세나 관리비, 대중교통비 등은 줄일 수 있는 폭이 크지 않지만 가계부를 살펴 보면 분명 줄일 수 있는 고정비가 있다. 불

필요하게 내고 있는 보험료나, 아이가 있는 집이라면 자녀의 지나친 사교육비 같은 항목이다.

특히 요즘 늘고 있는 고정비가 있다. 일정 금액을 지불하면 정기적으로 제품이나 서비스를 제공해주는 '구독 서비스' 또는 '월정액 서비스'가 그것이다.

녹즙, 정수기, 커피는 물론 모바일 게임, 쇼핑 배송비, 포토샵 같은 프로그램 서비스, 유튜브 프리미엄이나 넷플릭스 같은 OTT서비스까지 건당 매달 몇천 원에서 1~2만 원 정도 통장에서 빠져나가는 현금이 늘고 있다. 기업들은 매달 안정적으로 현금을 확보할 수 있는 구독 서비스 개발에 사활을 걸고 있다.

대부분 자동이체되는 이 비용은 묵직한 고정비로 자리잡는다. 5~6건 월정액 서비스를 이용하는 대신 나의 가용 자산이 매달 사라진다. 나중에 해지하려고 하면 한 달 무료 혜택을 주는 등 해지하는 일도 주저하게 만들어놨다. 꼭 필요한 서비스가 아니라면 과감히 해지해 고정비를 줄여야 한다.

가계부, 쉽게 쓰자

연말연초 서점에 가면 다양한 가계부가 출시되어 있는 것을 볼 수 있다. 연말이나 새해가 되면 서점에 나가 가계부들을 살펴보고 자신에게 맞는 구성과 디자인의 가계부를 구입해 써나가 보자.

엑셀 파일을 직접 만들어 지출 관리를 하는 것도 좋다. 최근에는 인터넷이나 모바일 가계부도 인기다. 기능이 많고 편리해서 웹이나 모바일 환경에 익숙한 이들이 많이 사용하고 있다. 처음에 분류만 잘 해놓고 수입이나 지출 내역을 입력해나가면 웬만한 '귀차니스트'들도 쉽고 체계적으로 가계부를 기록해 나갈 수 있다.

대표적인 인터넷 가계부인 '네이버 가계부'는 신용카드 지출 내역이 자동으로 기록되고 보험과 펀드로 빠져나가는 돈까지 계산된다. 또 은행에서 다운로드받은 지출 내역 엑셀 파일을 그대로 업로드하면 자동으로 지출 내역과 분류를 설정하는 기능을 갖췄다. 예를 들어, 'ㅇㅇ커피'라는 상호에 돈을 지출했다

면 저절로 '식비>커피·음료'로 저장된다. 손이 덜 가도록 기능이 잘 설계돼 있다.

인터넷 가계부의 또 다른 장점은 다른 회원이 올린 한 달 가계부를 볼 수 있다는 것이다. 나이, 결혼 여부, 외벌이/맞벌이, 자녀 수, 연봉 등 조건이 비슷한 회원들이 올린 가계부를 보면서 자신의 소비 패턴을 점검할 수 있다. 만일 비슷한 수준의 다른 회원보다 쓸데없는 지출이 많다면 이에 자극을 받아 자신의 나쁜 지출 습관을 고치는 계기가 되고, 식구 수가 같은 다른 가족보다 식비 지출이 많다면 생활 습관을 되짚어가며 식비 지출을 줄여나갈 수 있다.

스마트폰으로 쓸 수 있는 가계부도 좋은 어플이 많이 나와 있다. '시럽'이나 '뱅크 샐러드', '편한가계부' 등의 모바일 가계부는 문자로 온 지출 내역을 알아서 등록해주기도 하며, 시간을 설정하면 가계부 입력할 시간이 됐다고 알람도 받을 수 있어 빼먹지 않고 가계부를 써나갈 수 있다.

가계부를 쓰면 여윳돈이 생긴다

가계부를 쓰는 것이 부자가 되는 첫걸음이라는 것을 알면서도 정작 가계부를 쓰려면 귀찮은 게 사실이다. 처음에는 모든 지출을 정확하게 다 쓰기보다는 대략적인 금액이라도 기록에 남긴다고 생각하고 가계부를 써보자.

석 달 정도 지출 내역을 기록하다 보면 자신이 잘하고 있는 것과 고쳐야 할 것들이 눈에 들어온다. 가계부를 써야 택시비나 외식비같이 충분히 통제할 수 있는 소비성 지출이 의외로 많다는 것도 발견할 수 있고 이런 소비를 줄여 저축을 늘려야겠다는 경각심도 생긴다. 그렇게 해나가다 보면 여윳돈이라는 것이 만들어진다.

가계부를 쓰는 것이 습관이 되면 항목별로 예산을 세우고 그 안에서 지출하는 습관을 들여보자. 가계부는 단순히 지출을 기록하기만 하면 별 쓸모 없는 공연한 노력밖에 안 된다. 내역을 죽 써 내려간 후 복기를 해보자. 쓸데없는 지출을 줄이고 저축액을 늘려 미래에 필요한 재무 목표들을 차근차근 준비해 나가는 밑바탕이 바로 가계부 쓰기다.

중세의 인문학자 에라스뮈스는 "절약은 꽤 짭짤한 수입이다"라고 말했다. 살면서 술술 나가는 돈을 틀어잡고 관리하는 것이 재테크의 시작이다.

| 월급통장 |

월급이 들어온다고
다 월급통장이 아니었네

인터넷 검색창에 '월급통장'을 검색해 보니 월급통장에 대한 수많은 정보가 뜬다. 타행 현금인출기에서 돈을 뽑아도 수수료가 면제되는 통장도 있고, 요즘 같은 저금리 시대에 이자를 조금 더 준다는 통장도 있었다. 상품이 많으니 아무리 머리를 굴려보아도 어느 것이 좋은지 잘 모르겠다. 이 선생님, 어떤 게 좋을까요?

이 선생님의 재테크 과외

1 | 재테크는 장기전이기 때문에 처음부터 좋은 지출 관리 습관을 기르는 게 중요합니다. 세 살 버릇 여든까지 간다고 처음부터 상품을 꼼꼼하게 비교해서 선택하는 습관이 평생의 재테크를 좌우한다는 것 기억하세요.

2 | 월급통장은 입출금이 잦아 잔고가 별로 없는 통장입니다. 금리를 더 주는 통장보다 입출금이나 송금할 때, 타행 현금인출기에서 돈을 찾을 때 수수료를 면제해주는 혜택이 더 유리합니다. 월급통장 이자 1%보다 출금 수수료 1,000원이 더 비싸답니다.

3 ㅣ 대출 없이 살기 힘든 지금, 대출받을 때 큰 도움이 안 되는 CMA 통장을 월급통장으로 사용하는 것은 적절치 않아 보입니다. 시중 은행 통장으로 발급해 평소 거래 실적을 쌓아두는 것이 좋습니다.

4 ㅣ 수시입출금통장을 한 개만 만들라는 법은 없습니다. 용도에 따라 여러 개를 만들어 사용하는 게 더 효과적입니다. 또 하루만 맡겨도 이자를 주는 파킹통장이나 CMA 통장도 만들어 인센티브나 목돈을 관리하세요.

5 ㅣ 공과금, 통신비 등을 자동이체하면 포인트가 올라간다는 점도 기억하세요.

···

상담 후 수수료 면제 혜택이 있는 월급통장을 발급받기로 했다. 근무 중에 잠시 은행 일을 볼 수 있고, 결혼할 때 대출받을 것도 고려해야 하니 회사와 가까운 시중 은행 중 한 곳을 선택하는 게 좋겠다. 살펴보니 현금 인출기가 많고 집과 회사 모두 가까운 곳에 지점이 있는 '매일은행'이 딱이었다.

매일은행에서 월급통장을 만들고 체크카드도 발급했다. 요즘에는 대포통장 때문에 신규 개설이 까다로워져서 신분증은 기본에 재직증명서나 급여명세서, 원천징수영수증 등 금융거래 목적을 확인할 수 있는 서류를 갖춰야 했다. 집에 돌아와 은행 어플을 설치하고 관리비, 통신비, 인터넷 요금을 자동이체로 신청했다. 신청일은 28일. 생활비를 포함해 빠져나가는 돈이 대략 70만 원 정도다. 그리고 적금과 청약, 주식계좌도 개설해 돈을 불려나갈 생각이다.

20~30대 돈 없애는 가장 큰 적, 자동차와 신용카드

한 기업에서 '직장인을 위한 현명한 월급 관리'라는 강좌를 마친 뒤 얼마 지나지 않아 스물여덟 살의 신입사원 지석 씨가 나를 찾아왔다. 강의를 인상 깊게 들었다며 재무 상담을 요청했다. 직장생활 초기에 계획을 잘 세워 부지런히 돈을 모으지 않으면 부모님 도움 없이 결혼하기 힘들다는 이야기를 듣고 체계적으로 재무 설계를 하고 싶다고 했다.

나는 우선 지석 씨가 살면서 곧 겪을 중대사를 하나하나 짚어가며 지석 씨만의 목표를 세우도록 했다. 그리고 그 목표를 달성하기 위한 구체적인 솔루션도 제시했다.

당시 지석 씨의 가장 큰 목표는 여자친구와 5년 안에 결혼하는 것이었다. 필요한 자금을 꼽아보니 전세자금과 결혼 비용으로 최소 1억 원 이상을 준비해야 했다. 수습 기간이 끝나면 월급으로 세후 250만 원 정도를 받으니 75만 원은 생활비와 용돈

및 기타 잡비로 사용하고 월평균 175만 원은 충분히 저축할 수 있다고 했다.

그는 다음 달에 월급을 받아 바로 저축을 시작했다. 그 후로도 가끔 안부를 물으며 계획대로 잘 진행되고 있는지 점검을 하곤 했다. 처음 몇 개월 동안은 정말 잘해나가고 있었다.

그러던 어느 날 차를 사야겠다며 조언을 구했다. 나는 극구 말렸다. 사회초년생에게 재테크의 가장 큰 적이 바로 자동차이기 때문이다. 외근이 많은 직군도 아니었고 외근을 나간다 해도 지역은 대부분 서울이었다. 교통 혼잡을 감안하면 운전하기보다는 오히려 대중교통을 이용하는 게 나아 보였다. 파주나 구리 쪽에 외근을 갈 때면 불편해서 차가 필요하다고 했지만 회사 차도 있었고, 멀리 외근을 나가는 빈도도 따져보니 1년에 2~3번에 불과했다. 좀 더 물어보니 친구들도 다 마련해서 본인도 있어야 할 것 같았다고 고백했다.

미룰수록 돈이 굳는다, 자차

업무상 또는 사는 지역에 따라 자동차가 필요한 사람이 분명 있다. 그러나 소득이 적고 금융 자산도 얼마 없는 사회초년생들은 차를 사는 순간 살림살이가 급속도로 빠듯해진다. 꼭 필요한 상황이 아니면 구입을 미룰수록 좋은 1순위가 자동차다.

지석 씨는 회사에서 차량 유지비가 나온다는 이유로, 기어코 적금을 깨서 할부로 준중형 자동차를 구입했다. 가끔 출퇴근용으로만 이용한다면 유지비를 충분히 감당할 수 있을 거라는 성급한 판단이었다.

대부분 차를 사기 전에는 차 구매비와 유류비만 생각하는 경향이 있다. 그러나 실제로 차를 사면 눈에 보이지 않던 비용이 많이 든다. 지석 씨는 자동차 보험료를 제외하고 차를 구입하는 데 드는 총비용 약 2,300만 원 중에 1,200만 원은 본인이 저축한 돈으로, 1,100만 원은 3년 할부 조건으로 구매했다. 매월 33만 원 정도의 할부금을 3년 동안 갚아나가야 한다. 자동차 보험료는 연 100만 원 정도 될 것이다. 자동차 세금과 보험료, 유류비, 주차비 등 각종 부대비용을 포함하면 최소한 월평균 45만 원 정도의 비용이 더 든다. 게다가 다행히 큰 사고는 없었지만 몇 차례 자잘한 접촉사고들로 몇십만 원의 돈을 썼다.

지출은 여기에서 그치지 않는다. 차를 구입하면 소비로 이어진다. 데이트 등의 용도로 사용할 경우 활동량이 많아지므로 유류비와 주차비, 톨게이트비 등으로 더 많은 지출을 하게

된다. 친구들을 태우고 놀러 다니면서 스키장을 다니거나 맛집 탐방을 하면 시나브로 지출이 늘어난다. 밖에서 두 끼만 외식해도 10만 원이 금세 넘는다. 자동차가 있으면 씀씀이가 더 커진다는 점을 알아야 한다. 아무리 소형차라도 차를 구입함과 동시에 한 달에 지출해야 할 돈은 적게 잡아도 60만 원이 훌쩍 넘는 것이 보통이다.

결국 지석 씨는 자동차를 소유하는 것만으로 월 저축액이 175만 원에서 115만 원으로 줄어들었다. 연 700여만 원, 5년간 약 4,000만 원의 돈을 모을 기회를 잃는다. 5년 후에는 통장에 들어 있어야 할 4,000만 원은 사라지고 수리비 등의 유지비는 더 늘면서 결국에는 가치가 뚝 떨어진 중고차와 가벼운 통장만 남게 된다.

1억 원을 모아 결혼을 하려던 계획도 차질이 생긴다. 이렇게 되면 결혼 시기를 더 늦추거나 부족한 자금을 더 많이 대출받아 처음부터 부담스러울 정도의 대출금을 떠안은 채 불안한 출발을 해야 한다.

차 사는 것을 강력히 반대했던 나에 대한 부담 때문이었는지 그는 그 뒤로 연락이 없었다. 그러다 1년 후 상황이 점점 나빠지자 다시 상담을 요청해 왔다. 당시 그는 모든 돈 관리에서 손을 놓은 상태였고, 입사 초기에 건강하게 잡아나가던 소비와 저축에 대한 좋은 습관도 사라진 채였다. 지석 씨는 계획대로라면 월 115만 원씩 저축해야 했는데 저축액은 월 60만 원으로 줄어 있었다. 그래도 저축은 하고 있어서 그나마 다행이었다. 그는 자신도 모르게 자꾸 지출이 늘었고, 이후에 월급이 조금 올랐음에도 저축액을 늘리기가 쉽지 않았다고 한다.

나는 지석 씨에게 지금 갖고 있는 자동차는 사치재일 뿐이니 나중에 결혼한 뒤 아이를 낳으면 다시 사고, 지금은 차를 팔아 최대한 결혼 자금을 모아보자고 했다. 그러나 지석 씨는 차를 팔지 않고 다른 좋은 방법이 없겠느냐는 말만 되풀이했다. 차가 주는 편리함에 익숙해져 습관을 바꾸기가 싫은 것이다. 돈을 모으는 좋은 습관을 익히는 데는 많은 노력이 필요하지만 돈 쓰는 습관이 몸에 달라붙는 것은 순식간이다.

돈 쓰기 편한 세상에서 중심 잡고 사는 법

직장인은 수입을 늘리는 방법이 별로 없다. 지금과 같은 재테크 혼돈기에는 더 힘들다. 가장 확실하고 유일한 재테크는 회사에 꾸준히 다녀 근로소득을 올리는 것, 지출을 줄이는 것이다. 투자 등의 재테크 기술은 그다음 영역이다.

최근 집값이 너무 급격히 오르다 보니 자포자기형 소비와 한 방을 노리는 투자를 가장한 투기가 횡행한다. 그 투기마저도 성공하면 좋겠지만 일정 시간이 흐른 뒤에 보면 결국은 실패하는 경우가 대다수다. 극소수를 제외하고는 대부분 평균에 수렴할 수밖에 없다. 하지만 우리 귀에는 극소수의 사례가 누구나 할 수 있는 성공 사례인 것처럼 들려온다.

최근에는 사회 초년생의 외제차 구입이 늘었다. 10년 전만 해도 꼭 차를 마련해야 한다면 경차나 준중형을 사라고 권했는데 요즘에는 국산차를 사라고 이야기할 정도다. 외제차가 튼튼하고 안전해서 좋다는 이유를 드는데, 외제차를 장만하면 보험료와 수리비가 국산차와 비교할 수 없이 많이 나간다. 외제차를 꼭 사고 싶다면 연봉 1억이 넘은 후에 장만하는 것이 좋다고 생각한다.

당분간 수입이 늘어날 기미가 보이지 않는다면 어쨌거나 절약할 생각을 해야 한다. 그런데 요즘은 번 돈보다 많이 쓰기가 너무 쉽다. 지갑을 열게 만드는 유혹이 내 손 안의 스마트폰부터 도심을 걷는 한 걸음 한 걸음마다 주위에 널려 있기 때문이다. 기업들은 소비가 미덕이라는 슬로건을 내세워 지혜롭고 합리적인 소비를 하라며 부추긴다.

특히 신용카드는 이런 유혹에 쉽게 굴복하게 만든다. 금융회사들은 돈을 빌려주지 못해 안달이다. 이것도 지출을 과도하게 늘리는 주범이다. 그래서 돈을 잘 쓰는 좋은 습관을 먼저 만드는 게 가장 중요하다. 이것만 제대로 된다면 절반은 성공한 것이다. 그리고 나서 가능하면 많은 금액을 차곡차곡 모아야 한다. 이때 원칙에 따라 합리적인 목표 수익률을 정하고 효과적인 방법을 찾아 한 방을 노리는 투기가 아닌 저축이나, 실패 위험을 어느 정도 컨트롤할 수 있는 투자로 돈을 모아야 한다.

이직이나 연봉 협상 등으로 수입을 좀 더 늘릴 수 있는 기회가 있다면 늘려보자. 이직을 생각한다면 서점에 가서 기업 HR 전문가들이 쓴 이직 관련 책을 3~4권 사서 읽어보자. 친구들끼리 소소하게 나누던 단편적인 이야기와는 차원이 다른 정보와 이직 전략을 얻을 수 있다. 연봉을 높여 이직할 수 있다면 책값 5만 원 정도는 훌륭한 투자가 될 것이다.

쓰는 것과 모으는 것을 잘하는 습관이 몸에 익은 상태에서 돈을 조금이라도 더 벌 수 있다면 돈 모으는 속도에 가속이 붙는다. 아무리 힘들고 유혹이 많더라도 차근차근 1년만 잘 참아보자. 반드시 성공한다. 꼭 좋은 습관부터 내 것으로 만들어야 한다는 기본을 잊지 말자.

돈 모으는 습관 만들기

1 신용카드를 멀리하라. 포인트나 할인 혜택으로 얻는 이익보다 계획 없는 지출이 더 많아진다.

2 자동차는 결혼하고 아이를 낳은 뒤 구입해도 늦지 않다.

3 담뱃값, 술값, 커피값을 허투루 보지 말라. 4,000~5,000원을 아낄 줄 알아야 1억 원도 금방 모을 수 있다.

4 3개월만 지출을 기록하고 리뷰해보라. 그렇지 않으면 돈이 어디서 새는지도 모르는 채 매번 돈이 없다는 푸념만 하게 된다.

5 저축하고 남은 돈을 써라. 쓰고 남은 돈을 저축해서는 늘 돈이 없다는 불평만 쌓일 뿐이다.

예금·적금
왜 필요할까?

적금은 매달 적은 돈을 꾸준히 모아 큰돈을 만드는 상품이다. 적금으로 만든 목돈을 예금으로 1~3년 묵혀 이자를 붙여나가는 것이 재테크 기본 코스다. 예금·적금의 장점은 꾸준히 모아가면 원금 손실 없이 계획한 대로 돈을 모을 수 있다는 점이다. 만에 하나 은행이 망하더라도 5,000만 원까지는 원금 보장이 된다.

다만 예금·적금은 이자가 낮다는 단점이 있다. 초저금리시대의 적금 금리는 약 1% 수준이다. 1.4%인 적금 상품에 매달 50만 원씩 1년 동안 적금을 부어도 이자는 4만 원이 채 안 된다.

과연 우리는 피자 두 판 값을 모으기 위해 1년 내내 아껴가며 적금을 들어야 할까? 물론이다. 여기저기에서 주식이다, 부동산이다, 코인이다 하며 수많은 투자 성공담이 넘쳐나지만 예금과 적금은 꼭 필요하다. 왜 그럴까? 차근차근 확인해보자.

흩어지는 자산, 적금으로 모아 예금으로 불려라

예금·적금은 개인의 자산 포트폴리오에서 반드시 갖춰야 할 항목이다. 이자도 적고 시간도 오래 걸리니 효과적이지 않다고 생각하는가? 낮은 이자를 얻기 위해 몇 년 동안 돈을 꾸준히 납입하는 게 답답하고 뒤처지는 것처럼 느껴지는가?

저축은 본래 힘들다. '티끌 모아 티끌'이라고 많은 이들이 푸념하지만 틀린 말이다. 티끌 모아 백두산은 아니지만 삶을 지탱해줄 탄탄한 언덕을 만들 수 있다. 아껴서 모으지 않으면 결코 부자가 될 수 없다.

예금·적금은 무엇보다 종잣돈을 만들기 위해 꼭 필요하다. 돈을 지키는 것은 돈을 버는 것만큼 중요하다. 돈을 모아야 하는 시기에 돈을 잃는다면 자산을 불리는 시간은 늦어진다. 종잣돈이 어느 정도 있어야 투자에도 탄력이 붙고, 안정적이고 꾸

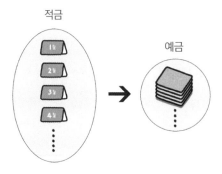

준하게 자산을 불려 나갈 수 있다. 사람들이 부러워하는 부자들은 아끼고 모아야 부자가 될 수 있다는 것을 직접 경험하고 이뤄낸 사람들이다. 스스로 부를 일궈낸 부자들은 이 원칙을 신뢰한다.

종잣돈은 대략 1억 원 정도로 만들기를 권한다. 종잣돈을 마련했다면 이자로 붙는 돈이 많아지며 인생 계획을 좀 더 구체적이고 명확하게 세울 수 있다. 이렇게 돈을 모으면 월세에서 전세로 옮길 수 있고 더 나아가 내 집 마련의 목표도 세울 수 있다. 덤으로 종잣돈을 만드는 동안 돈을 아끼고 모으는 습관이 생길 것이며 돈에 대한 공부도 저절로 하게 될 것이다.

투자를 할 때도 예금·적금은 반드시 필요하다. 주식 고수들은 주가가 급락해 좋은 주식이 싼값에 나왔을 때 기회를 놓치지 않고 살 수 있도록 총알 즉, 예수금을 확보할 것을 강조한다. 그래서 주식 고수들은 주가가 오를 때 예수금을 모으고 주가가 폭락해 시장이 공포에 휩싸일 때 싼값에 주식을 사들인다. 이들은 늘 은행 특판 상품에 집중하며 예금·적금으로 예수금을 늘 준비해둔다. 투자의 적기를 놓치지 않기 위해서다.

초저금리 시대, 어떤 적금을 들까?

적금의 목적은 목돈을 만드는 것이기 때문에 금리가 1% 내외인 초저금리 시대에는 되도록 1년 만기로 짧게 가입하는 것이 좋다. 그 대신 납입 금액은 높여서 목돈을 만든 후 금리가 높거나 세금 혜택을 주는 예금에 복리로 넣는 것이 돈을 모으는 지혜다. 여기서 말하는 복리란 복리 상품을 의미하기도 하지만, 예금이나 적금의 만기 시 받는 이자까지 다시 저축해서 복리 효과를 얻는다는 뜻도 있다.

초저금리 시대에는 적금 금리를 여기저기 따져서 은행 계좌를 새로 만드는 것보다 주거래 은행 스마트폰 전용 적금 상품에 가입해서 하루라도 빨리 돈을 모으는 것이 낫다. 대출처럼 장기간 큰돈을 빌리는 경우가 아니라면 0.1% 높은 이자를 위해 계좌를 만들고 어플을 새로 깔아 공동인증서를 등록하는 등의 번거로움을 겪을 필요가 없다. 매달 몇십만 원씩 모으는 적금 은 1년간 이율이 0.5% 높다고 해도 이자는 몇천 원 내외로 큰 차이가 나지 않기 때문이다. 물론 예금은 다르다. 예금은 이자 가 조금이라도 높은 상품을 찾아 가입해야 한다.

예금은 절대 깨면 안 된다

스마트폰 터치 몇 번이면 예금·적금을 해약할 수 있다 보니 애써 모은 돈을 쉽게 해약하는 경우를 자주 본다. 생애 긴급한 일을 대비한 통장이 있다면 급하게 돈이 필요한 경우 손해 보 지 않고 급전을 마련할 수 있지만 그렇지 않은 대부분의 사람들 은 급전이 필요할 때 적금과 예금통장을 헐곤 한다. 이자가 높 지 않기 때문이다. 하지만 해약과 동시에 이자만 사라지는 것 이 아니라 그 안에 투여된 시간이라는 자원도 사라진다는 것을 알아야 한다.

무엇보다 예금 이자는 반드시 지켜야 한다. 예금은 절대 헐 어서는 안 된다. 1년 이상 예치해두는 예금을 가입할 때는 만기 시 이자를 적어두고 기억해야 한다. 시간과 돈을 들여 불어날

나의 자산이기 때문이다. 시간이 흐르면 반드시 돌아오는 확정된 수익이 있는데 잠깐 돈이 필요하다고 해서 이를 포기하는 우를 범해선 안 된다. 만약 10개월 후에 이사가 예정돼 있어 돈을 써야 한다면 그 기간을 계산해서 계획적으로 예치한 뒤 이자 수익을 얻어야 한다.

예금은 이자 금액에 초점을 맞추어야 한다. 초저금리 시대라 예금 이자가 보잘것없어 보일 수 있지만 돈은 돈이다. 예금 이자만큼은 반드시 지키고 불려 나가야 한다. 만기가 돌아오면 이자와 함께 다시 재예치함으로써 복리의 수익을 얻어야 한다.

예금 상품을 가입할 때는 1금융권보다 금리가 높은 마을금고, 상호저축은행 등 2금융권에 예치할 것을 권한다. 금융감독원에서 운영하는 금융소비자 정보포털인 파인(http://fine.fss.or.kr)의 '금융상품 한눈에' 메뉴(QR코드)에 들어가 보면 발품을 팔지 않고도 손쉽게 높은 금리를 주는 금융 회사를 순서대로 조회하여 유리한 상품을 고를 수 있다.

금융상품통합비교공시
바로가기

은행의 종류, 알고 있나요?

농협은 1금융권일까? 2금융권일까? 은행의 종류와 분류 방법을 안다면 조금 더 현명하게 은행을 이용할 수 있다. 대출은 1금융권을, 저축으로 높은 이자를 얻고 싶다면 2금융권을 적극 활용해보자.

1금융권

은행법으로 국가가 엄격하게 규제하고 금융 정책을 시행할 때 직접적으로 영향을 받는 곳으로, 법적 보호를 가장 확실히 받을 수 있다. '○○은행'처럼 이름에 '은행'이란 이름이 붙는 곳이다(저축은행 제외). 우리나라의 금융기관 중 예금 은행을 지칭하는 말로서 KB국민, 신한, 우리, KEB하나, 카카오뱅크, 케이뱅크, IBK기업, SC제일은행, 한국씨티은행 등과 광주은행이나 대구은행과 같은 지방은행이 있다. 1금융권은 전국적인 규모라 접근성이 좋으며, 위험도도 낮은 편이다. 금리가 낮아 저축으로 목돈을 묶어두기에는 손에 쥐는 이자가 가장 적지만 대출을 받기에 적합한 곳이다. NH농협은행은 1금융권이지만 서인천농협, 대전원예농협처럼 지역이나 업종명이 붙어 있는 단위농협은 2금융권이다.

2금융권

은행법이 적용되지 않는 금융기관으로 증권회사, 보험회사, 새마을금고, 투자신탁회사와 CMA로 유명한 종합금융회사, 상호저축은행 (옛 상호신용금고) 그리고 '캐피탈'이 붙는 회사를 지칭한다. 원래는 비교적 영세한 저축성 예금을 흡수할 목적으로 설립되었다. 1금융권에 비해 규모가 상대적으로 작은 편이지만 높은 금리를 적용해준다. 대기업이 운영하는 회사도 있으며, 지역 상인들의 이익을 도모하기 위해 회사마다 특수 목적으로 설립한 곳도 있다. 그 때문에 특성에 맞는 혜택을 주는 곳이 많다.

예금이나 적금 가입 시 높은 이자나 세금 혜택을 얻을 수 있는 반면 이곳에서 대출을 받는다면 높은 이자를 물어야 한다. 또 지점이 몇 군데 없기 때문에 직장인들은 근무 시간을 쪼개 찾아가기 힘들다. 이동 비용을 고려하면 적금을 들거나 소액 예금을 할 때는 편하게 주거래 은행이나 가까운 새마을금고, 신협과 같은 단위조합을 이용하는 것이 좋다. 점포 유리창에 붙어 있는 특판 상품을 눈여겨보았다가 가입하는 것도 좋은 방법이다.

3금융권

요즘엔 많이 줄었지만 2015년대만 해도 TV를 틀면 유명 연예인을 앞세운 대출 광고들이 쏟아져 나왔다. 대부분 금융 제도권 밖의 대부 업체다. 제도권 밖이라는 말은 법의 영향이 덜 미치는 곳이라는 의미로, 법적인 분류상으로는 금융기관이 아닌, 돈을 빌려주고 높은 대출 이자를 받아 운영하는 '회사'다.

3금융권이 싸고 빠르다고 광고하는 이유는 신용도가 높은 사람도 한 번 3금융권에서 대출을 받으면 신용등급이 떨어지기 때문에 1금융권에서 대출받기 어려워지도록 만드는 것이다. 대부업체를 제외하고는 돈 빌릴 곳이 없도록 만드는 무서운 전략이기도 하다.

대출은 무조건 1금융권에서 받아야 한다. 이미 3금융권을 이용해서 다른 방법이 없는 사람이라면 정부에서 운영하는 서민금융통합지원센터(www.kinfa.or.kr/contentsPage.do)를 찾거나 통합콜센터 1397번으로 상담을 받아 햇살론이나 사잇돌대출 등으로 갈아타길 바란다.

● 한국은행은 통화신용정책을 수립, 집행하는 국가기관으로 은행업무를 하지 않으며 우체국은 비은행예금취급기관으로 분류된다.

적금이 예금보다 이자가 높아도
예금을 가입해야 하는 이유

예금과 적금 금리를 비교하면 적금 금리가 높은 편이라 의아할 수 있다. 그러나 실제로 적금을 통해 받는 이자는 예금 이자의 절반 정도에 불과하다. 이자가 적은 것 같아도 목돈은 예금에 가입하는 것이 유리하다. 왜 그럴까? 예금·적금의 이자 지급 방식에 대해 자세히 알아보자.

일반적으로 은행에서 예금·적금 상품에 연 2%의 이자를 준다고 가정할 때 예금은 만기 시 이자에 대한 세금(일반과세 15.4%)을 제하여 지급한다. 예를 들어 1,200만 원을 연이율 2%의 1년 만기 정기 예금에 가입하면 이자 수익은 24만 원이고 만기가 되면 이자 소득세 15.4%를 제한 20만 3,040원을 준다.

적금의 경우는 어떨까? 월 100만 원씩 1년 동안 납입했을 때 연 2%의 이자를 준다고 하면 예금과 동일한 이자를 받는 것으로 착각하지만 실제 받는 이자 수익은 10만 9,980원으로 큰 차이를 보인다. 적금은 첫 달에 들어가는 100만 원이 연 2%의 이율을 적용받지만, 둘째 달에는 11개월의 이자를 받고(연 2%×11개월÷12), 셋째 달에는 10개월의 이자(연 2%×10개월÷12)를 받는 식으로, 납입한 돈의 경과 기간에 따라 해당 이자율을 계산하여 더해주기 때문이다. 따라서 연이율 2%의 1년 만기 적금에 가입하면 세후 이자율은 연 0.92%이다. 생각보다 낮은 이자율이다. 다음 표를 참고하면 이해하기가 더 쉬울 것이다.

	납입 방법	연 이자율	1년간 납입금	만기 이자	세금 (15.4%)	실수령액
예금	1,200만 원 일시 납입	연 2%	1,200만 원	24만 원	36,960원	1,220만 3,040원
적금	매월 100만 원씩 12개월 납입	연 2%	1,200만 원	13만 원	20,020원	1,210만 9,980원

대부분 은행은 예금보다 적금 금리를 조금 높게 제시한다. 하지만 위에서 보는 것처럼 실제 받는 이자를 계산하면 예금 수익이 더 크다. 적금 이자율이 높다고 예금에 넣을 금액을 나눠 넣으려 적금에 가입하는 사람들도 있는데 실제 받는 금리는 예금만 못 하다.

목돈이라면 적금으로 나눠서 넣을 필요 없이 한 번에 예금에 넣는 것이 편하고 이익이다. 이때 혹시 모르니 만일 3,000만 원을 예금한다면 1,000만 원씩 3개로 나눠 맡기는 것도 좋은 방법이다. 중도에 해지할 일이 생길 수도 있기 때문이다.

돈 관리의 핵심은 위험분산

저축의 목적과 기간에 못지않게 중요한 것이 위험 분산이다. 수익이 높으면 그만큼 위험도 커진다. 따라서 아무리 수익이 높다고 해도 한 군데 올인하는 것은 위험천만하다.

예금·적금은 안전한 대신 이율이 낮아 다른 투자 수단에 비해 수익성이 크게 떨어진다. 그럼에도 목돈은 일정 비율을 예금과 같은 안전 자산에 분산 투자해야 한다. 은행 예금은 최소

한 원금 보장이 되고 처음 가입할 때의 이자율은 확보할 수 있기 때문이다. 5,000만 원을 모으는 데는 오랜 시간이 걸리지만 잘못 투자하여 5,000만 원이 반 토막 나는 것은 한순간이다.

세상에는 아무런 위험 없이 고수익을 보장하는 금융 상품은 없다. 합리적 수준을 넘어서는 수익률을 제시한다면 사기일 가능성이 높다. 과도한 욕심은 버려야 실수를 하지 않는다. 예금 상품은 수익률을 떠나 위험을 분산하기 위해 꼭 필요한 상품 중 하나라는 점을 잊지 말자.

상담을 하다 보면, 자금이 필요한 시기가 정해져 있는데 조금 더 수익을 얻으려고 주식에 투자했다가 낭패를 본 사람들을 만난다. 민상 씨의 경우 2020년에 대출금을 줄여보고자 아파트 잔금 2억 원으로 주식 투자를 했다가 10%의 손실을 봐 잔금 마련에 애를 태웠다. 잔금을 치르기까지 3개월 정도 남아 있어 한창 기세를 올리던 S전자 주식을 매수했는데, 최소한 10~20% 정도는 수익을 올릴 수 있을 거라는 기대와는 달리 주가는 하락했고 약 10% 정도 손해를 보게 되었다.

사실 투자를 하면서 10% 손해 보는 것은 그리 심각한 일이 아니다. 하지만 민상 씨는 잔금 납입 시기가 곧 다가오고 있었고 추가 대출이나 가족, 지인으로부터 돈을 융통할 수 없었기 때문에 2,000만 원의 손실은 큰 부담이었다. 결국 주식을 매도했고 수수료를 포함해 2,000만 원 이상의 손해를 봤다.

계획을 실현해주는 가장 확실한 재무 상품, 예금·적금

사람들이 대부분 재테크에 실패하는 이유는 저축하는 목적과 기간을 고려하지 않고 남들이 좋다는 금융 상품을 무턱대고 가입하기 때문이다.

만일 1~2년 내 단기의 재무 목표를 위해 돈을 모아야 한다면 당연히 은행의 예금·적금을 이용해야 한다. 수익률보다는 원금 보존이 중요하기 때문이다. 돈을 조금 더 불리고 싶은 마음에 목적과 기간이 정해진 돈을 펀드나 주식 같은 상품에 넣었을 때 잘되면 좋지만 그렇지 않을 경우에는 큰 위험에 빠지게 된다. 민상 씨만 이런 상황에 몰렸던 것이 아니다. 상담을 하면 같은 상황에 놓여 이러지도 저러지도 못하면서 고통을 받는 사람들이 비일비재하다.

민상 씨의 경우 아무리 은행 예금의 이자가 적더라도 무조건 은행 예금에 돈을 넣었어야 했다. 아파트 잔금을 치러야 할 때 투자한 주식이 손실이 나 있는 상태라면 다른 여유 자금이 있거나 돈을 빌리지 못할 경우 손실을 확정 짓는 방법밖에 없다. 만일 민상 씨가 여유자금으로 주식에 투자했다면 주가가 회복될 때까지 기다리면 된다. 하지만 용도가 정해져 있는 돈은 마냥 기다릴 수 없으므로 절대 주식과 같이 변동성이 큰 금융 상품에 투자하면 안 된다.

민상 씨가 아파트 잔금을 주식 대신 은행의 예금이나 CMA 등에 넣어두었다면 잔금 마련을 위해 고통을 겪지 않았을 것이다. 은행의 예금·적금은 금리가 낮더라도 안전하므로 용도가 정해진 돈을 저축하기에 가장 적합한 금융 상품이다. 단, 좀 더 이자를 많이 받을 수 있는 방법을 찾아봐야 한다.

2금융권 예금 가입 전 확인해야 할 3가지

지금은 잠잠해졌지만 2010년대에 상호저축은행의 연이은 파산으로 많은 사람이 큰 고통을 겪은 적이 있다. 상호저축은행은 KB국민은행이나 신한은행 같은 대형 시중 은행보다 예금·적금 이율이 약 0.5~1.5%p 더 높지만 안전성 면에서 신뢰가 떨어져 돈을 맡기는 것이 아무래도 불안할 수 있다.

따라서 상호저축은행의 예금·적금 상품을 이용할 때는 꼼꼼히 따져보아야 파산으로 인한 고통을 피할 수 있다. 잘만 이용하면 시중 은행보다 짭짤한 이자 수익을 얻을 수 있다. 위험하다고 무조건 회피하기보다는 위험을 알고 관리할 수 있는 지혜가 필요하다.

안전하면서도 이자율이 높은 상호저축은행을 고르는 방법을 알아보자. 이 내용은 금융기관을 이용하는 사람이라면 꼭 알아야 할 금융 상식이기도 하다.

1. 건전한 은행인가? BIS 자기자본 비율 8% 이상

'BIS 자기자본 비율'은 상호저축은행 및 시중 은행의 건전성을 나타내는 가장 대표적인 지표로, 위험자산(부실채권이나 대출금 등) 대비 은행이 보유한 자본 비율을 의미한다. 금융기관

2 | 예금·적금 왜 필요할까?

의 건전성에 문제가 없으려면 위험자산 대비 8% 이상의 자기 자본을 가지고 있어야 한다. 여기서 8%의 의미는 은행이 고객과 100억 원의 거래를 하기 위해서는 은행 내부에 최소 8억 원은 갖고 있어야 한다는 뜻이다. 8억을 보유하지 않은 은행이 파산한다면 그 피해는 고객이 고스란히 떠안아야 한다.

상반기를 마감하는 6월과 하반기를 마감하는 12월 말경에 은행들은 BIS 비율을 높이기 위해 후순위 채권 등을 발행하고 특판 예금을 모집하는 등 은행의 건전성 지표를 끌어올리기 위해 노력한다. 특판 일정은 은행별, 지점별로 다르지만 좋은 이율로 짧은 시간에 모집하기 때문에 은행 지점에 특판 모집 공고를 유심히 살펴보는 것이 좋다.

상호저축은행을 고를 때는 예금·적금 이자율은 물론 해당 상호저축은행의 홈페이지나 저축은행중앙회 홈페이지(https://www.fsb.or.kr)를 방문해 BIS 비율을 확인해봐야 한다. BIS 자기자본 비율이 8%보다 높으면 높을수록 자산 건전성이 좋다는 뜻이다. 단, 상호저축은행의 자산액은 시중 은행보다 절대적으로 적기 때문에 이 비율이 널뛰기를 할 수 있으므로 유의해야 한다. 예금·적금을 맡길 때마다 이 비율을 꼭 확인하자.

2. 연체가 많이 안 됐는가? 고정이하 여신 비율 8% 이하

상호저축은행의 건전성을 따질 때 '고정이하 여신 비율'도 주의 깊게 봐야 한다. 고객에게 돈을 빌려주는 일을 '여신'이라고 하는데 고정이하 여신 비율은 전체 대출 중 연체 기간이 6개월을 넘긴 대출의 비율을 뜻한다. 이 비율이 높을수록 은행이 손실을 입을 가능성이 높다고 할 수 있다.

일반적으로 고정이하 여신 비율이 8% 이하면 상대적으로 안전하다고 본다. BIS 자기자본 비율과는 반대로 높으면 높을수록 자산 건전성이 떨어지고 파산할 가능성도 높기 때문에 고정이하 여신 비율도 반드시 확인해야 한다. 확인 방법은 BIS 자기자본 비율을 확인하는 방법과 동일하다.

3. 상호저축은행이 파산하면 내 돈은?

주가가 폭락하고 경제 위기설이 나돌던 2008년 말, 대형 시중 은행도 위험하다며 사람들은 돈을 어디에다 두어야 할지 몰라 우왕좌왕했다. 그러나 시중 은행은 물론 저축은행이 파산하더라도 예금자보호법에 따라 원금과 이자를 합해 은행별로 1인당 5,000만 원까지 보호받을 수 있다.

상호저축은행이 파산하면 예금보호공사가 대신해서 예금을 지급한다. 보통 영업 정지 후 예금보호공사가 상호저축은행의 재산을 조사하여 경영 정상화가 불가능하다고 판단될 때 고객에게 예금을 지급해준다. 경우에 따라서는 3~6개월 동안 돈을 찾을 수 없는 위험도 있지만 자금이 급하게 필요하면 2,000만 원까지는 며칠 이내에 임시지급금으로 먼저 받을 수 있다.

5,000만 원 한도 내에서 원금과 이자를 보장한다고 하지만, 영업 정지 후 45일 이내에 경영정상화가 되지 못하거나 다른 금융회사에 인수되지 않고 파산하면 최초에 약속한 높은 이자는 보장해주지 않는다. 대신 시중은행 평균 금리를 감안해서 예금보호공사가 결정한 이자를 준다. 영업 정지가 개시된 후 파산 절차가 완료될 때까지의 이자는 금융감독원이 금리를 결정해서 합리적인 수준에서 돌려준다. 물론 이자를 후하게 쳐줄 확률은 매우 낮다.

제도적 보호 장치가 있기는 하지만 상호저축은행이 파산하면 물적이나 심적으로 손해가 발생하는 것은 분명하다. 따라서 안전한 상호저축은행을 찾는 노력을 게을리하면 안 된다. 또 이자를 포함해 5,000만 원을 초과하는 예금·저금은 보장해주지 않을 수 있으므로 원금을 4,700만 원 정도까지 넣어두는 것이 안전하다.

영업정지가 되었다고 해서 모두 파산하는 것은 아니다. 그 전에 인수 합병되는 경우가 많기 때문에 보통 원금과 이자를 합해 5,000만 원 이내에서는 금리를 높게 주는 저축은행을 이용해도 무방하다고 볼 수 있다. 저축은행이 파산하지만 않으면 애초에 가입할 때 약정했던 이자를 주고, 파산하더라도 시중 은행 이자 정도는 돌려받을 수 있기 때문에 급히 쓸 자금이 아니라 3~6개월 정도 기다려도 되는 자금이라면 너무 걱정할 필요가 없다. 그럼에도 불구하고 은행이 영업정지 상태가 되면 심적으로 불안해지기 때문에 BIS 자기자본 비율과 고정이하 여신 비율이 좋지 않은 은행은 리스트에서 지우는 게 낫다.

이자에 붙는 세금 바로 알기

대부분의 소득에 대해 소득세를 내야 하듯이 금융 상품에 가입하면 이자소득세를 내야 한다. 부과되는 세금은 크게 비과세, 분리과세, 저율과세, 일반과세로 나뉜다.

제일 유리한 것은 세금을 전혀 내지 않는 비과세. 단위 농협과 수협, 신협, 새마을금고는 1인당 3,000만 원 내에서 발생한 이자 소득에 대해 농어촌특별세 1.4%만 저율과세를 한다. 혜택을 받기 위해서는 조합원으로 가입해야 한다. 통장을 만들때 약 5만 원 내외의 조합비를 내야 하는데 조합마다 요구하는 금액에 약간의 차이는 있다. 이 돈은 조합원 탈퇴 시 돌려받을 수 있다. 이자율이 시중 은행에 비해 높고 예금자보호도 되니 주위에 있는 2금융권을 적극적으로 활용해보자.

개인종합자산관리계좌인 ISA(일반형)는 만기까지 순이익(기간 통산 수익에서 손실을 뺀 나머지) 200만 원(서민형, 농어민형 400만 원)까지는 비과세 되고 200만 원을 초과하는 수익에 대해서는 9.9%로 분리과세한다.

비과세와 저율과세, 분리과세를 제외한 일반 금융 상품은 이자소득에 대해 15.4%의 일반과세를 한다.

제시하는 세전 금리가 동일하다면 비과세, 저율과세, 분리과세(ISA), 일반과세의 순서로 수익률이 높지만, 세전 수익률이 같지 않다면 세후 수익률을 꼼꼼히 따져봐야 한다.

보통 세전 수익률보다는 세후 수익률에 더 민감해야 한다. 최고 금리와 더불어 세후 수익률을 비교해본 후에 세후 수익률이 높은 상품을 선택하는 것이 좋다. 좀 더 쉽게 이해하기 위해 아래의 표를 참고해보자.

여러 금융 회사가 제시하는 금리를 알아본 후 아래의 표와 같이 비교를 해보면 본인에게 가장 유리한 회사가 어디인지 알 수 있다. 좀 더 큰 수익을 얻고자 한다면 한 금융회사만 보고 결정할 것이 아니라 여기저기 발품을 파는 것이 현명하다. 특판 예금같이 일정 기간에 판매하는 상품에 관심을 가져보는 것도 좋은 방법이다.

1,000만 원을 연 2%, 1년 만기 정기예금에 예치했을 때

세율	비과세 0%	분리과세(ISA) 9.90%	일반과세 15.40%
세전 이자 수익 (세전 이자율)	20만 원 (연 2%)	20만 원 (연 2%)	20만 원 (연 2%)
세후 이자 수익 (세후 이자율)	20만 원 (연 2%)	18만 200원 (연 1.80%)	16만 9,200원 (연 1.69%)

춤추는 금리, 예금·적금 가입 전략

현재 시중 은행 금리는 연간 물가상승률에도 못 미치는 수준이다. 그렇다면 언제, 어떻게 은행의 예금·적금 상품을 이용하는 것이 소비자에게 유리할까?

첫째, 2008년 말과 같이 연 8%에 육박하는 높은 금리를 줄 때는 주로 은행의 고금리 정기예금을 이용해 목돈을 운영하는 것이 안전하다. 이 정도 이율이면 굳이 위험 자산인 펀드나 ELS에 투자하지 않아도 자산을 안전하게 지키면서 불릴 수 있다. 따라서 시중 금리가 높고 경기가 침체되는 시기에는 안전자산인 예금의 비율을 높이는 게 좋다.

둘째, 초저금리 시대에는 예금·적금의 비율을 줄이는 것이 좋다. 주식 같은 실적 배당형 상품에 자산의 일부를 투자해 저금리로 자산이 녹아내리는 상황을 이겨내야 한다. 목돈이라면 저축 기간을 1년 이하로 짧게 잡아 향후 이어지는 금리 인상에 대비해야 한다. 또한 고정금리보다 변동금리를 적용하는 상품에 관심을 가져야 한다. 연동형 정기예금은 3개월마다 CD금리 변동에 따라 적용되는 금리가 달라지므로 지금과 같이 금리가 낮고 앞으로 금리가 높아질 것으로 예상될 때 선택할 수 있는 좋은 상품이다.

셋째, 경기가 좋지 않고 주식시장의 계속적인 침체가 예상될 때는 수익이 적어도 은행의 예금·적금을 한시적으로 활용하는 것이 좋다. 설사 금리가 더 떨어지더라도 위험 자산에 투자할 경우 위험이 증가하므로 자산의 대부분을 안전한 상품에 투자하는 것이 좋다. 단, 자산 중 일부분만은 위험을 감수하더라도 수익률을 극대화할 수 있는 투자 수단을 활용하여 조금이라도 수익을 내려고 노력해야 한다.

넷째, 1~2년 이내 단기의 목적 자금을 마련할 경우에는 반드시 원금이 보장되는 은행의 예금·적금을 이용하는 것이 좋다. 아무리 수익률이 높은 투자 수단이라도 돈이 필요한 시점에 수익률이 떨어진 상황에서 현금화해야 한다면 큰 손실을 볼 수 있다. 단기 목적 자금은 수익률에 연연하지 말고 무조건 안전 자산을 활용해야 한다.

다섯째, 투자에 대한 위험을 감당할 수 없는 사람은 수익률에 상관없이 은행의 예금·적금을 이용하는 것이 좋다. 전통적

으로 모든 투자 수단은 수익이 높으면 그만큼 위험도 높고 수익이 낮으면 그만큼 위험도 낮은 것이 일반적이다. '하이 리스크 하이 리턴(High risk high return)', 즉 세상에는 위험하지 않으면서 수익이 높은 투자 수단은 없다.

주식이나 펀드 같은 위험 자산에 돈을 투자하고 수익률이 마이너스가 될 때마다 조바심을 내거나 잠을 이루지 못하고 걱정하는 사람이라면, 아무리 장래에 수익률이 높다고 하더라도 변동성이 큰 투자 상품을 이용하지 않는 것이 좋다. 남들이 투자해서 이익을 본 것이 부러워 잘못 따라 했다가는 손실만 보고 건강까지 상할 수 있다. 이런 투자 성향을 지닌 사람은 수익률을 생각하지 말고 안전한 은행의 예금·적금을 이용해야 한다.

여섯째, 보유한 자산을 목적과 기간에 따라 위험 자산과 안전 자산에 일정 비율로 분산 투자해야 한다. 안전 자산의 용도로 일정 부분은 은행의 예금·적금을 이용하여 전체 기대 수익률을 조정하는 것이 좋다. 모든 자산을 위험 자산에만 투자하는 것도, 모든 자산을 안전 자산에만 투자하는 것도 바람직하지 않다. 원하는 목표 수익률이 있다면 전체 자산에서 위험 자산과 안전 자산의 비율을 조정하여 본인이 원하는 목표 수익률을 달성하는 자산 배분 전략을 취해야 한다. 이때 은행의 예금·적금은 안전 자산을 위한 포트폴리오의 일부분이 될 수 있다.

일곱째, 예금·적금 가입, 온라인, 모바일 거래를 이용하라. 은행들은 예금·적금을 은행 창구에서 가입하는 대면 방식보다 온라인이나 모바일로 가입하는 비대면 방식에 더 높은 이자를 주고 있다. 특히 점포 수가 시중 은행에 비해 압도적으로 적어 신규 고객 확보가 어려운 저축은행은 대면과 비대면으로 거래할 때 이자 차이가 많이 난다. 앞으로 비용이 많이 드는 은행의 창구 수는 계속 줄어들 것이고 시스템만 만들어 놓으면 비용이 상대적으로 적게 드는 온라인이나 모바일 금융거래는 계속 늘 것으로 보인다. 코로나19로 이런 현상이 더 빨라졌으므로 예금·적금같이 간단한 상품은 온라인이나 모바일 거래로 가입하는 게 낫다.

종잣돈 만들기에 안성맞춤, 예금 풍차 돌리기

풍차 돌리기 예금은 2000년 후반에 소개된 재테크로 새로운 방법은 아니지만 지금까지도 많은 사람들이 사용하는 통장 사용법 중 하나다. 앞서 소개한 통장 쪼개기와 마찬가지로 풍차 돌리기 예금도 많은 방법이 있다. 중요한 것은 여러 가지 방법 중 나에게 맞는 방법을 발견해 적용하는 것이고 더 중요한 것은 꾸준히 실천하는 것이다. 여기서는 더 재미있고 효과적으로 종 잣돈을 모으는 방법에 대해 소개하려고 한다.

먼저 풍차 돌리기 예금을 시작하기 전에 사전 작업이 필요하다. 예기치 못한 상황에 대비한 비상금 통장과 비정기 지출에 대비한 통장을 반드시 만들어 놓아야 한다. 이런 통장이 있어야 풍차 돌리기 예금을 시작한 후 저축할 돈이 없을 때 중도에 포기하는 일이 없다.

풍차 돌리기 예금이 처음 유행했을 때는 시중 금리가 저금리라고 해도 지금과 비교하면 상대적으로 높았기 때문에 목돈 만들기에 더해 복리 효과도 볼 수 있었다. 하지만 지금은 금리가 워낙 낮기 때문에 목돈을 모은다는 의미 말고는 이자 수익을 크게 기대할 수 없다. 따라서 풍차 돌리기 예금만 하면 자산을 불리는 데는 비효율적이다. 매월 투입할 수 있는 금액을 위험자산과 안전자산으로 나눠 안전자산에 속하는 정도만 풍차 돌리기 예금으로 이용하는 게 낫다.

예를 들어 매월 저축이나 투자를 할 수 있는 금액이 150만 원이라면 이 중 50만 원은 위험자산인 펀드나 주식에 투자하고 100만 원은 안전자산인 예금에 풍차 돌리기를 하는 것이다.

1년 동안 100만 원씩 계속 예금에 가입하면 1년 후부터는 놀라운 변화가 찾아온다. 내 급여가 100만 원이 더 늘어난 것과 마찬가지 효과를 누릴 수 있다. 13차월부터는 예금 만기가 된 100만 원과 여기에 붙은 이자에 또 100만 원을 추가해 1년 만기 예금에 가입하면서 계속 풍차를 돌린다. 이때 중요한 것은 100만 원에 여기에 붙은 이자를 함께 예금에 가입해야 한다는 것이다. 보통은 100만 원을 예금해 세금을 제하고 12,690원의 이자를 받으면 12,690원은 빼고 단위를 맞추기 위해 다시 100만 원을 예금하는 사람들이 대다수이다. 하지만 이런 방법으로는 복리 효과를 볼 수 없다. 단리 저축밖에 되지 않는다. 아무리 적은 이자라도 꼭 이자를 함께 예금하는 습관을 들이자.

이런 방법으로 풍차를 계속 돌려서 25차월이 되면 이제 200만 원+α의 월급을 더 받는 것과 마찬가지다. 풍차 돌리기를 지속하면 연 단위로 월급이 늘어나는 재미도 얻으면서 다음 단계로 발전할 수 있는 토대가 되는 종잣돈을 만들 수 있다. 4~5년

만 지속하면 의미 있는 정도의 목돈이 모인다. 금리가 높다면 그 이후에 풍차를 계속 돌리는 것도 괜찮지만 지금과 같은 저금리라면 4~5년 정도 해보는 것으로 충분하다고 생각한다.

투자했던 나머지 50만 원으로도 목돈이 보태질 거고 더 중요한 것은 4~5년 동안 투자에 대한 지식과 경험이 쌓이기 때문이다. 이때부터는 금리가 낮아 이자 수익이 적은 예금 상품보다는 어느 정도 위험을 감수하더라도 더 적극적으로 돈을 불릴 수 있는 투자 상품을 잘 활용해야 종잣돈과 새로 투입되는 돈이 함께 잘 불어난다. 풍차 돌리기 하는 4~5년 동안 투자에 대한 지식과 경험을 함께 쌓는 게 그다음 단계로 성장하기 위해 상당히 중요하다는 점을 반드시 기억하자.

투자로 돈을 잘 불리는 방법에 대해서는 이 책 뒤에서 자세히 설명할 것이다.

| 예금·적금·CMA 통장 |　　　　　**목돈과 상여금, 여행자금,
　　　　　　　　　　　　　　　　어떻게 관리할까요?**

상반기 상여금이 7월에 들어온다. 세금을 제하고 약 200만 원 정도다. 여름엔 스킨스쿠버, 겨울엔 스키를 좋아해 목돈 나가는 일이 생긴다. 이를 위해 미리 돈을 준비하고 싶다. 또 어머니가 챙겨주신 돈 중 안 쓰고 남은 500만 원이 있다. 허투루 쓰면 안 될 것 같아 종잣돈으로 모아 굴리고 싶다. 직장에 먼저 들어간 친구들은 이미 많은 돈을 모았겠지만 늦게 취직한 나로서는 마음이 조급하다. 버는 돈은 적은데 쓸 돈은 많아지고……. 이 선생님께 상여금과 500만 원을 관리할 방법을 여쭤봐야겠다.

이 선생님의 재테크 과외

1 | 적금: 종잣돈을 만드는 것이 중요합니다. 월급 중 51만 원을 신협은행의 1년 만기 적금에 넣으세요. 1년 후 620만 4,983원의 목돈이 됩니다. 출자원으로 가입해서 저율과세 혜택을 챙기는 것도 잊지 마세요. 적금은 한 개만 가입하지 말고 2~3개로 나누어 가입하는 것이 만기까지 유지하기 좋습니다. 자동이체 신청하는 것 잊지 마세요.

2 | 예금: 목돈 500만 원 중 300만 원을 같은 신협에 1년 만기 정기예금에

가입하세요. 현재 이율이 연 1.75%라고 치면 1년 후 305만 1,765원이 됩니다. 마찬가지로 저율과세로 가입하는 것을 잊지 마시고요.

3 | 적금 이자보다 예금 이자에 민감해야 돈이 더 잘 불어납니다. 신협과 같이 저율과세 상품을 취급하는 곳은 1인당 3,000만 원 한도까지 세금 혜택이 제한되어 있습니다. 먼저 목돈부터 3,000만 원을 채우고 남는 여유분이 있다면 한도에 맞게 적금을 이용하면 됩니다.

4 | 저금리일 때는 1년 만기로 짧게, 고금리일 때는 2~3년 정도로 만기를 길게 가입하세요. 금리는 계속 오르락내리락합니다. 금리 변동보다 돈을 모으는 목적과 기간에 맞게 만기를 맞추는 것이 좋습니다.

5 | 비상용 CMA 통장은 2개를 만들어서 1개는 비상금 통장으로 사용하세요. 목돈 중 200만 원은 비상금으로 넣어두는 것을 권합니다. 비상금은 수익성보다 안전성과 유동성이 우선입니다. 긴급할 때 언제 빼 써도 손해를 보지 않아야 해요. 그래서 CMA가 적격입니다. 비상금은 급한 경우가 아니면 쓰지 말아야 할 돈입니다.

6 | 1년에 두세 차례 취미활동을 한다는 이야기는 1년에 두세 번은 목돈을 주기적으로 지출할 일이 있다는 뜻이네요. CMA 통장 2개 중 1개는 취미 자금 전용으로 사용하고 상여금이 들어오면 넣어 두세요. 이자도 붙고 필요할 때 쉽게 출금도 가능하며, 손해도 안 봅니다.

세후 금리를 비교해보니 회사 가까이에 있는 매일신협이 가장 좋았다. 선생님이 일러주신 대로 예금·적금 계좌를 만들었다. 먼저 5만 원을 내고 출자원이 됐다. 적금은 3개로 나눠 21만 원, 20만 원, 10만 원씩 세 계좌로 만들었고 예금은 300만 원을 하나로 묶었다. 저율과세로 가입되었는지 여부도 확인했다.

인터넷으로 회사 근처에 있는 증권사 홈페이지에 들어가 이체수수료 면제 조건을 비교해보니 내일증권에서 CMA 통장을 만드는 것이 여러모로 유리해 보였다. 점심시간을 이용해 CMA 통장을 만들러 갔다. 예금자 보호는 안 되지만 이자가 높은 CMA RP형 2개를 만들었다. 선생님이 알려주신 것을 한 가지씩 실천하다 보니 통장이 한 개, 두 개 늘어난다. 1년 후를 생각하니 벌써부터 마음이 뿌듯하다.

자산이 없을 때부터
돈 모을 생각을 하라

"나중에 돈 좀 모으면 재테크 시작할게요!"

내게 상담을 받으러 온 많은 사람이 했던 이야기다. 지금도 여전히 돈을 모은 후에 상담을 받으러 오겠다는 이야기를 자주 듣는다. 그때마다 그게 아니라는 것을 잘 알고 있기 때문에 그들이 안타깝기도 하고 내 마음도 답답해진다. 돈을 모은 후가 아니라 잘 모으고 싶은 마음이 들 때 시작해야 목표를 이룰 수 있는데 말이다. 재테크는 하루라도 빨리 올바른 목표와 적합한 실행 계획을 만들어 최대한 시행착오를 줄이며 시작하는 것이 좋다.

반면에 돈을 모으고 싶은 마음이 들 때 적극적으로 공부하고 재무 상담을 받는 사람도 있다. 25년째 재무 상담을 하면서 상담 이후를 추적해보니 이런 부류의 사람들은 시간이 흐를수록 자산이 불어나는 속도가 빨랐다. 2009년 판『내 통장 사용설명서』를 읽고 나에게 상담 요청을 했던 국가대표 운동선수 미혜 씨가 그런 사례다.

2009년 당시 스물다섯 살이었던 그는 나와 상담하기 전에 내 책을 비롯해 재테크 도서 여러 권을 읽을 정도로 재테크에 관심이 많아 이미 여러 상품에 가입한 상태였다. 그런데 문제는 막연히 돈을 많이 모으겠다는 욕심만 컸지 재무 포트폴리오는 그의 목표와 잘 맞지 않았다. 그가 장차 목표에 따라 현금화시킬 때 상품을 해지하면 큰 손해를 볼 수 있는 상품들로 구성돼 있었다. 상담을 통해 목표를 정하고 그 목표에 잘 맞는 예금과 적금, 펀드 등으로 포트폴리오를 다시 구성해서 실행했다. 목표와 맞지 않는 상품은 손해를 보더라도 과감히 정리했고 그때부터 그의 본격적인 재테크가 시작됐다.

재테크, 오늘부터 시작하자

보통의 직장인들이 자기계발을 통해 수입을 늘리듯 그는 운동을 열심히 해 좋은 성적을 거두면서 수입이 늘어났다. 자기에게 맞는 재테크로 추가 수입이 더해지니 그의 자산은 날개를 달았다. 자산이 불어나니 재미가 붙고 운동도 더 집중할 수 있어 수입은 계속 늘어났다. 자신감이 붙은 그는 그 이후에도 지속적으로 재테크 공부를 열심히 하면서 후배들에게 재테크 상담을 해줄 정도로 실력이 늘었고 스승님이라고 불렸던 나를 뛰어 넘는 재테크 실력을 갖추며 자산을 무럭무럭 불려 나갔다.

10년이 조금 지난 지금, 25세 사회초년생이었던 그는 두 아이의 엄마가 됐고 경기도에 30평형대의 아파트를 대출 없이 소유하고 있다. 나머지 여윳돈으로는 또 다른 목표를 이루기 위해 여전히 재테크를 하고 있다. 그의 성공 요인 중에 가장 중요한 한 가지를 꼽으라면 남들은 돈이 모이면 재테크를 하겠다고 했지만 그는 돈을 잘 모으기 위해 돈이 적을 때 올바른 재테크 방법을 배워 바로 실행하고 꾸준히 지속했다는 점이다.

오늘보다 내일 자산이 더 늘어나도록

앞에서도 말했듯이 지금은 돈이 없으니까 나중에 돈이 생기면 그때 재테크를 본격적으로 하겠다는 사람들이 많다. 이런 사람들은 돈을 어떻게 잘 모을지 계획하지 않고 뒤로 미루다가 정작 돈이 생겼을 때는 체계적으로 관리하는 데 실패하는 경우가 흔하다. 한 방을 노리다가 그마저 잃기도 한다. 적은 돈을 관리할 줄 모르는 사람이 큰돈을 제대로 관리하지 못하는 것은 어찌 보면 당연하다.

어떻게 연예인 같은 유명인들은 돈 되는 특A급 정보를 얻어 대출로 건물을 턱턱 사서 수십억의 시세차익을 낼까? 은행에서 VIP 대접을 받는 자산가들 주위에는 각 분야의 자산관리 전문가와 부동산 업자들, 세무사와 변호사가 포진해 있기 때문이다. 금융업계 종사자들은 대부분 유명인과 부자 고객을 확보하는 일에 혈안이 되어 있다. 자산가들은 이들이 주는 정보 중에서 필요한 정보만 취해 보유한 자산을 어떻게 잘 불릴 것인가를 집중적으로 고민한다. 특히 세금을 줄이는 절세와 상속에 관심이 많다. 이처럼 부자들은 중산층, 서민의 자산 관리와는 다른 더 전문화되고 특화된 관리를 받는다.

자산이 많지 않은 보통 사람들은 전문적인 관리를 받기 힘드므로 공부하며 직접 자산 관리를 해야 한다. 오히려 돈이 없을수록 더욱 계획적인 자산 관리가 필요하다. 한정된 자산을 얼마나 효율적으로 운용하는가에 따라 시간이 흐를수록 차이가 만들어지기 때문이다. 앞에서 언급한 미혜 씨 같은 사람들이 이런 진리를 실천해 새테크에 성공하는 것이다.

돈을 모아야겠다고 생각할 때 가장 먼저 해야 할 일은 인생의 목표부터 정하는 것이다. 목표가 있어야 수단과 방법을 마련할 수 있다. 나의 소비 지출 성향을 파악해 쓸데없이 쓰는 돈은 반드시 없애거나 줄여야 하고, 새어 나가는 돈을 찾아내 저축이나 투자로 연결해야 한다. 추운 겨울, 집에 물이 새면 지붕을 고쳐야지 보일러 온도를 높여서는 안 되는 것처럼 말이다.

나의 몸값, 어떻게 올릴까?

최고의 재테크 방법은 직업을 통해 내 힘으로 벌 수 있는 수입을 최대한 높이는 것이다. 돈을 아껴 쓰는 것만큼 어떻게 더 많은 돈을 버느냐가 중요하다. 물론 돈을 많이 벌기 위해 자기가 싫어하는 일에 뛰어들거나 건강을 해치면서까지 일하는 것은 바람직하지 않다. 이왕이면 자기가 좋아하고 재미있어하는 일을 하면서 돈도 많이 벌어야 행복하다.

몸값을 올리는 방법은 크게 두 가지다. 첫째는 건강이다. 직장 연차가 쌓일수록 느낄 것이다. 어느덧 직장 생활에서 가장 필요한 것은 학벌도, 스펙도 아닌 체력이라는 것을 말이다. 직장 생활을 오래 하다 보면 디스크나 위염은 직장인의 필수 질환 같다. 거기에 나이 마흔이 넘으면 지방간, 당뇨, 각종 암, 녹내장, 여성질환 등 굵직한 건강 문제가 발생한다. 체력을 키우고 끼니를 챙겨 먹는 것처럼 시간을 만들어 운동하길 바란다. 값비싼 퍼스널 트레이닝이 아니어도 유튜브의 홈트레이닝 동영상을 보며 스트레칭을 하거나 동네 한 바퀴를 꾸준히 걸어도 좋다. 건강은 건강할 때 지켜야 한다. 또 운동은 체력 관리는 물론 정신건강에도 도움이 된다.

부모로부터 독립해 따로 살고 있는 신입사원이라면 가급적 회사 근처에 집을 구해 출퇴근 시간을 줄이는 게 좋다. 도심지와 가까워 집값은 다소 높을 수 있어도 시간 비용을 줄일 수 있다. 신입사원은 많은 양의 일을 빠른 속도로 배워야 성장하는 시기이므로 직장과 가까운 곳에 거처를 정해 일을 하는 양도 늘리고 집중력도 높이자. 성장에 가속이 붙을 것이다.

부촌에 사는 사람들이 책을 많이 읽는 이유

나의 몸값을 높이는 둘째 방법은 업무력이다. 자기계발은 취미 삼아 이것저것 배우는 것보다 목표를 세워서 이뤄나가는 것이 좋다. 연봉을 올리고 싶다고 한 내담자가 조주기능사 자격증을 딸 계획이라고 했다. 대기업에 다니는 디자이너였는데 전통주를 좋아해 나중에 막걸리 브랜드를 론칭해 팔고 싶다고 했다. 구체적인 시기를 어떻게 계획하고 있는지 물어보니 결혼하고 아이를 다 키워 놓은 후쯤으로 막연하게 생각하고 있었다. 그의 말대로 술을 공부해 자격증이 있다면 노후 준비도 되고, 삶의 여러 순간이 더 풍요로워질 것이다. 하지만 2~3년 내

팀장을 달거나 이직을 할 때 당장 도움이 되지 않는 것은 사실이었다. 이 점은 염두에 두어야 한다. 그래서 나는 그에게 회계나 코딩 같은 업무와 관련된 자격증을 따면 어떻겠냐고 권했다. 내 말을 듣고 그는 회사에서 비용을 지원해주는 웹접근성 과정을 등록해 수료했고, 기회가 닿아 생각보다 이른 시기에 팀장을 달 수 있었다.

승진 또는 이직에 도움이 되는 과정을 준비해 놓아야 장기적으로 수입이 늘어날 수 있다. 이력서에 한 줄 더 추가할 수 있는 자격증이나 업무 관련 스킬을 업그레이드할 수 있는 과정을 추천한다. 직무에 필요하다면 하루빨리 대학원 과정을 밟는 것도 좋다. 만약 30대 후반~40대 직장인이라면 2~3년 꾸준히 배워서 퇴직 후 두 번째 삶을 준비할 수 있는 과정을 준비하는 것도 필요하다. 평균 근속연수가 5년 3개월이라고 하니 지금 시대에 사전 이직 준비는 특별한 일이 아니다.

직무 관련 모임 등을 통해 회사 밖 사람들과 네트워크를 만드는 것도 중요하다. 지금보다 더 나은 환경으로 도약하기 위해서는 나보다 뛰어난 사람과 교류해야 한다. 그러기 위해서는 그들에 걸맞은 지적 수준을 갖춰야 한다. 중요한 자리에 가기 위해서 좋은 옷을 차려입듯이 중요한 사람들과 만나기 위해서는 좋은 지식과 안목을 갖춰야 한다. 그럴 때 책만큼 저렴한 매체가 없다.

2017년 〈한국경제〉의 보도에 따르면 소득 수준이 높은 지역에 거주할수록 책도 많이 읽는다고 한다('중구·강남·서초 책 구입 최다… 부촌일수록 경제·경영서 선호', 17년 1월 8일). 월스트리트의 살아 있는 전설이라 불렸던 투자자 존 템플턴도 이런 말을 남겼다.

"성공을 준비하는 사람은 늘 도서관에 다닌다. 성공하는 사람은 다른 사람에게서 배운다. 직업을 갖고 일을 시작하면 책은 더 중요한 자산이 된다."

누군가는 워런 버핏과 몇 시간 식사를 하기 위해서 40억을 쓰지만 우리는 몇만 원으로 그의 책을 통해 투자 철학의 핵심을 배울 수 있다. 세계 유명인들이 나와 식사를 할 리도 없겠지만, 설령 그들과 만나 한 시간 대화를 한다 해도 최소 차비와 밥값이 든다고 생각하면 책만큼 싼 매체가 없다. 마크 저커버그, 빌 게이츠, 제프 베이조스 같은 세상에서 가장 바쁜 사람들도 독서광

이라는 타이틀을 지니고 있으며, 손에서 책을 놓지 않는다.

새로운 기획을 할 때, 연봉 협상을 할 때, 이직할 때, 마케팅 보고서를 쓸 때, 일이 잘 안 풀릴 때 당신을 도와줄 전문가들의 책이 서점에 가득하다. 친구들과 상의하는 것보다 전문가가 공들여 쓴 책 속 케이스스터디가 당신의 문서를 값어치 있게 바꿔 줄 것이다.

인터넷 게시판과 TV에 소개되는 만인의 지식으로 자신만의 교양을 업그레이드하는 데는 한계가 있다. 가급적 원전을 찾아 읽고 자주 서점에 들러서 책과 가깝게 지내자. 좋아하는 스릴러 작가의 책을 모두 읽어보거나 대학 시절 이름만 들어봤던 사상가의 이론을 공부해보는 것도 좋다. 자신만의 고유한 취향이 생긴다면 그것도 문화적 '자산'이다. 비용이 부담된다면 지역 도서관에 가서 책을 빌려 읽자. 독서모임에 가입해 여러 사람을 만나서 지식과 감상을 공유하는 것도 좋다. 요즘 재테크 모임이나 자기계발 모임도 활성화돼 있으니 여러 사람을 만나 자극을 받아보는 것도 추천한다.

학교에서 배운 지식으로 평생을 살아가기에 세상은 너무 빨리 변한다. 돈을 벌면서도 우리는 꾸준히 배워 나가야 한다. 취직하고 당장 몇 년간은 배운 지식을 활용해 일하고 월급을 받겠지만, 그 이후의 성장에 있어서는 의무교육이 없다. 온전히 자신의 몫이다. 돈 때문에 인생을 낭비하는 서글픈 인생이 되지 않으려면, 다른 핑계를 대지 말고 지금부터 시작해보자.

지금 바로 시작하는 재테크

1 버는 돈이 적을수록 계획적인 재무 설계는 필수다.
2 체력 관리는 월급보다 중요하다.
3 자기계발은 이력서에 채워넣을 수 있는 것을 중심으로, 목적을 세워 시작하자.
4 스스로 공부하지 않으면 도태되기 쉽다.
5 옛 지식의 유통기한은 이미 끝났다. 고급 지식을 습득하여 나의 가치를 높이는 것이 최고의 재테크다.

내 집 마련의
첫 걸음,
청약통장

"청약통장은 만들었어?"

대부분 직장인이 되면 필수로 가입하는 대표적인 상품이 바로 청약이다. 그런데 다들 한 번쯤 이 통장의 정체에 대해 궁금증을 가져봤을 것이다. 오래 묵혀 뒀는데 어떻게 쓸 수 있을지, 언제 청약을 넣어볼 수 있을지 막연하게 느껴지기 때문이다. 더구나 어렵고 생소한 용어들 때문에 자세히 알아보기도 전에 포기하게 된다.

한때 부동산 정책으로 청약통장 무용론이 일기도 했다. 청약통장의 혜택이 축소되고 돈이 많아야만 아파트를 살 수 있다는 생각 때문에 젊은 사람들은 청약통장을 해지하고 그 돈을 다른 용도로 쓰기도 했다. 하지만 최근 부동산 가격이 치솟고 무주택자들을 대상으로 주택을 공급하는 정책이 늘면서 청약통장이 금값이 됐다. 청약통장에 무주택자 조건과 부양가족 수, 기타 특별공급 조건을 갖추면 내 집 마련의 에스컬레이터를 탈 수 있다.

청약에 관한 내용 중에는 사람에 따라 다소 복잡한 부분도 있을 수 있다. 그러나 당신의 부모님도, 고모, 큰아버지도 이미 파악하고 이 제도를 통해 집을 장만하셨다. 간혹 복잡한 내용이 나오기도 하지만 그렇다고 어려운 것은 아니니 찬찬히 따라 읽어나간다면 청약 제도의 개념과 정보가 명확한 형태로 머릿속에 자리 잡힐 것이다.

들어가기에 앞서 전용 면적 85m²는 전용 면적 25평형대(공용 면적 30평형대)의 아파트라는 점을 미리 알아두자. 또 주로 서울과 수도권, 지방 인기 지역을 중심으로 설명한다.

투기과열지구란?

최근 2개월간 신규 아파트 청약 경쟁률이 5:1 이상이거나 전용 면적 85m² 이하 주택 청약 경쟁률이 10:1을 초과할 경우에 지정할 수 있다. 투기과열지구로 지정되면 등기하기 전까지 분양권 전매 제한, 청약 1순위 제한, 5년 이상 무주택자에게 신규 주택 75% 우선 공급, 조합원 지위 양도 금지 등의 제한이 따른다. 2023년 강남, 서초, 송파, 용산을 제외한 전국 대부분의 지역이 투기과열지구에서 해제되었다.

청약통장, 새 아파트를 가장 저렴하게 사는 유일한 방법

오를 대로 오른 구축 아파트를 비싼 값 주고 사는 대신, 새로 지어진 아파트를 주변 시세 대비 80% 정도의 저렴한 가격으로 살 수 있는 유일한 방법이 바로 청약이다. 청약통장은 이 청약 제도를 이용할 수 있는 유일한 자격증이라고 볼 수 있다. 보통 아파트로 인식되는 새 주택을 우선순위로 계약할 수 있는 최소한의 자격인 것이다.

아파트 청약 제도는 부동산 투기가 극성을 부리던 1977년,

정부가 공공 부문 아파트 분양 방법에 대한 구체적인 규정을 마련하면서 시작되었다. 정부는 부동산 투기도 막아야 하고 투기 꾼 때문에 피해를 보는 대다수 무주택 서민들의 고통도 덜어주어야 했다. 또한 아파트 공급을 위한 재원이 부족해서 청약 관련 저축으로 민간 자본을 끌어들여 주택 공급을 대폭 늘리고자 했다. 이를 위해 추첨제 방식의 아파트 청약 제도를 시행했고 여러 차례 보완과 수정을 거쳐 지금까지 이어져 오고 있다.

아파트 분양 시장에서 잘 관리한 청약통장 하나가 돈 10억 원보다 가치 있는 사례들을 종종 본다. 그리고 그 가치는 대체로 매달 10만 원씩 24개월을 납입하면 만들어진다.

주택청약종합저축, 주민등록번호만 있으면 누구나 가입 가능

주택청약종합저축은 가입 연령의 제한이 없고 무주택자이거나 세대주여야 한다는 제한도 없다. 어린이부터 노인까지 전 가족 구성원이 청약통장을 하나씩 가질 수 있다는 뜻이다. 단, 청약통장은 '1인 1통장' 제도가 적용돼 기존의 청약저축, 청약부금, 청약예금 가입자는 기존 청약통장을 해지하지 않으면 주택청약종합저축에 가입할 수 없다. 현재 우리, 농협, 기업, KEB 하나, 신한, KB국민, 대구, 부산은행 등에서 가입할 수 있다.

미성년자는 청약권이 없다. 청약통장에 돈을 넣었어도 청약으로 집을 구입할 수 없다는 뜻이다. 간혹 부모들이 아이 명의로 청약통장을 만들어 용돈을 넣어주는데 아이가 통장을 보유한 기간이 무주택 기간으로 쌓이지는 않는다. 미성년 기간에 납입한 금액으로 성인이 되어 국민주택에 청약하면 최대 월 10만 원, 24회까지만 인정되고, 민영주택에 청약할 때도 가입 기간이 2년만 인정된다. 미성년 기간에 최대 월 10만 원씩 2년 동안 총액 240만 원을 납입하면 더 이상 납입하는 것은 돈을 묶어두는 것 외에는 큰 의미가 없다.

요즘에는 전매(부동산을 단기적 이익을 목적으로 매수한 후 다시 파는 행위) 제한이 있어 청약으로 내 집 마련을 하면 대체로 3~5년 이상 거주해야 하기 때문에 부부가 통장을 2개씩 갖고 있는 것도 큰 의미가 없다. 신혼부부가 청약통장을 각각 보유하고 있다면 더 유리한 조건의 청약통장만 남기고 나머지 통장에 들어 있는 돈은 다른 재무 목표를 위해 사용하는 것이 효과적이다.

통장을 개설하는 데는 나이 제한이 없지만 청약은 20세 이상 무주택세대 구성원이어야 가능하다. 무주택 기간 기준은 30

세가 되는 날부터 계산하되(기혼자는 혼인신고일부터) 최근 무주택자가 된 날을 기준으로 하기 때문에 혼인을 30세 이전에 하지 않는 한 실질적으로 33세는 되어야 당첨 가능성이 높다. 우선순위가 미달할 경우에는 무주택 기간이 3년이 안 돼도 저축 총액이 많은 순서대로 당첨이 가능하나 현실적으로 당첨될 확률은 많이 떨어진다.

매달 10만 원씩, 24개월만 채워 넣자

주택청약종합저축은 매달 2만 원에서 최대 50만 원까지 5,000원 단위로 자유롭게 납입할 수 있다. 민영주택에 청약할 거라면 일정 예치금을 초과하고 나서는 더 이상 납입하지 않아도 된다. 공공주택, 민영주택 어디에 청약할지 대부분 모호하기 때문에 일단 매달 10만 원씩 24회를 채워 넣자.

청약저축은 해약할 수 없기에 입금하면 쓸 수 없는 돈이 된다. 그래서 굳이 목돈을 청약통장에 묶어 놓는 것도 바람직하지 않다. 본격적으로 청약할 계획을 세운 후 그때부터 지역과 아파트 상황에 맞게 예치금 금액을 높이는 것이 현명하다. $40m^2$ 초과 주택은 3년 이상 무주택세대 구성원으로서 저축 총액이 많은 청약자가 유리하지만, 매달 10만 원을 넘지 않게 납입하는 것이 좋다. 돈은 아무리 많이 넣어도 월 10만 원까지만 인정되기 때문이다.

공공분양 중에서 생애최초 특별공급을 구체적으로 준비한다면 600만 원이 예치돼 있어야 한다. 청약 전에 돈을 마련해서 조건을 채워 놓고 계획적으로 분할 납부하여 납입 횟수도 늘리자.

소득공제 혜택도 있다. 무주택 세대주이자 연봉이 7,000만 원 이하 근로자가 소득공제를 받기 위해서는 매년 12월 31일까지 가입 은행에 주민등록등본을 제출하고 '무주택확약서'에 서명하면 된다. 단, 매년 소득공제를 받았는데 특별한 사유 없이 5년 이내에 해지하거나 $85m^2$ 이상의 주택에 청약해서 당첨되면 납입한 총액의 6%를 추징당한다. 무주택 세대주가 아닌데 '무주택확약서'에 서명했다가 나중에 국세청에 발각되면 마찬가지로 추징을 당한다는 것도 알아두자.

그러나 청약을 언제 할지 모르는 대부분의 직장인들은 자격이 되면 일단 무조건 소득공제를 받을 수 있게 신청하여 소득공제 혜택을 보는 게 좋다. 나중에 추징을 당하는 상황이 생기더라도 매년 납입금의 40%(최대 96만 원 한도)에 대해 소득공제 혜택을 먼저 받았기 때문에 전체적으로 손해를 보지는 않는다.

전용 면적이란?

청약에 대한 정보를 살펴보다 보면 전용 면적이라는 말이 많이 나온다. 전용 면적은 발코니 면적 등의 서비스 면적과 계단이나 주차장 같은 공동 사용 면적을 제외한 실제 거주 면적을 뜻한다. 따라서 국민주택 규모라는 전용 면적 85m²(25.7평)는 실제 전용 면적과 서비스 면적, 계단과 주차장 등의 공동 사용 면적을 합하여 약 100m²(약 30평형대) 크기인 주택을 말한다. 거주자의 입장에서는 실제 주거 면적의 크기가 중요하므로 청약을 할 때나 주택 구매를 할 때 반드시 전용 면적을 확인해야 한다.

내 집 마련을 위한 기본 아파트 공부

주택(법률상으로 주택이라 일컫지만 여기서는 아파트로 이해해도 무방하다.)에는 크게 국민주택과 민간주택이 있다.

국민주택(공공분양)

국민주택은 한국의 심각한 주택난 문제를 완화하고자 마련한 주택 정책의 일환으로, 주택 구입 능력이 취약한 일반 서민을 대상으로 저렴한 가격으로 임대·분양하기 위해 정부가 정책적으로 건설하는 주택을 말한다. 과천 지식정보타운 제이드

자이 아파트처럼 LH(한국토지주택공사)가 시행하고 민간 건설사가 시공하는 경우도 있다. 이런 경우 아파트는 공공분양 아파트와 동일하게 85m² 이하로 지어지며 분양가 상한제를 적용한다.

LH나 SH(서울주택도시공사), GH(경기주택도시공사), 웰카운티(인천도시공사) 같은 국민주택은 청약통장 가입 기간과 납입 횟수, 납입금액 세 가지가 중요한 조건이다. 무주택 3년 이상, 청약통장 2년 이상 보유하고 24회 이상 납입, 납입 총액이 기준 이상이 되어야 일반공급 1순위가 된다.

공공분양과 민간분양의 차이

	공공분양	민간분양
시행사	LH, SH 등 공공기관 또는 민간 건설사	민간 건설사
공급 면적	85m² 이하	제한 없음
일반공급 1순위 (투기과열지구인 경우)	청약통장 2년 이상 보유 청약통장 24회 이상 납입 생애최초 특공인 경우 납입 총액 세대 구성원 전원이 무주택자	청약통장 2년 이상 보유 지역예치금 충족 세대주만 가능
자산 및 소득 기준	60m² 이하 및 특별공급 분양의 경우 기준 존재	없음
무주택 여부	무주택 3년 이상	1주택 이하

신도시에 지어지는 공공분양 아파트는 분양가 상한제를 적용해 주위 시세에 비해 가격이 저렴하다는 장점과 더불어 대체로 민영아파트에 비해 입지가 좋다는 장점이 있다. 공익의 목적으로 개발해 분양하다 보니 택지 개발을 하거나 신도시를 개발할 때 역과 가까운 곳에 공공주택을 먼저 입지시킨다.

　　단점은 공공의 이익을 목적으로 지어 시세보다 낮은 가격에 분양하는 아파트이기에 청약 조건이 까다롭다. 소득이 적을수록, 무주택 기간이 길수록, 가족이 많을수록 점수가 높고, 사회적으로 내 집 마련이 가장 시급한 사람에게 먼저 입주 자격을 주기에 준비를 철저히 해야 한다. 상담자 중에는 공공분양 청약을 계획하고 있었는데 보유하던 외제차 때문에 차량 기준가액을 넘어서 청약하지 못한 경우도 있었다.

　　또 다른 단점은 평수가 넓지 않다는 점이다. 전용 면적은 최대 $85m^2$ 이하이며 신혼부부에게 좋은 조건으로 공급하는 신혼희망타운의 경우는 $60m^2$ 정도로 거실1, 방2, 화장실2 규모다. 요즘 아파트는 3베이(거실, 방2) 스타일로 지어지다 보니 예전 아파트에 비해 구조는 좋다고 해도 더 좁게 느껴진다(비수도권 및 도시가 아닌 지역의 국민주택은 $100m^2$ 이하로 넓다). 그리고 국민의 주거 해결을 목적으로 짓는 아파트이다 보니 자재나 생활시설, 커뮤니티 등은 민영아파트에 비해 약하다.

민영주택(민간분양)

　래미안, 자이, 푸르지오처럼 우리가 흔히 알고 있는 건설사가 지어 분양하는 아파트를 민영주택이라고 한다. 민간분양은 청약통장을 2년 이상 보유하고, 현재 거주하는 지역에 따른 예치금을 충족하는 세대주면 1순위가 될 수 있다. 공공분양보다는 비싼 편이지만 시중 아파트보다는 저렴하게 신축 아파트를 마련할 수 있다는 장점이 있다.

　민영주택 청약은 입주하고 싶은 아파트와 규모를 정해 최초 청약하기 전 지역별 전용 면적에 따른 예치 금액 기준을 충족시켜 놓아야 한다. 만약 경기도 부천에 살고 있는데 인천광역시에 짓고 있는 102m² 이하 아파트에 청약을 넣는 경우 청약통장 예치 금액은 현재 거주지인 부천시, 즉 기타 시·군 102m² 이하 기준 금액인 300만 원 이상의 예치금을 채워두면 된다.

지역·전용 면적별 청약통장 예치 금액　　　　　　　　(단위 : 만 원)

전용 면적	서울, 부산	기타 광역시	기타 시·군
85m² 이하	300	250	200
102m² 이하	600	400	300
135m² 이하	1,000	700	400
모든 면적	1,500	1,000	500

청약의 VIP, 특별공급을 잡아라

특별공급은 정책적·사회적 배려가 필요한 계층의 주거 안정을 위해 일반 청약자들과 경쟁을 하지 않고 아파트를 분양받을 수 있도록 하는 제도다. 한 아파트가 분양한다면 민간아파트의 경우 공급 물량의 50%를, 공공주택은 85%를 특별공급 물량으로 빼놓을 정도니 혜택이 얼마나 큰지 알 수 있다.

신혼부부, 다자녀가구, 노부모 부양, 생애최초, 기관추천 중 하나의 조건을 갖추면 자격이 되는 특별공급은 평생 단 한 번의 기회가 주어지기 때문에 신중하게 준비해보자. 2021년 9월 8일 개정안에 따르면 소득 기준이 초과하거나 무자녀 신혼부부인 경우, 1인 가구도 특별공급 추첨제로 청약이 가능해졌다. 공통 조건은 세대 전원이 무주택자여야 하며 청약통장은 2년 경과, 24회 이상 납부해야 한다.

1 | 신혼부부 특별공급 지원 조건

대상자 입주자모집공고일 현재 혼인(혼인관계증명서의 신고일 기준) 기간 7년 이내인 자

청약 자격

• 무주택세대구성원일 것(혼인신고일부터 입주자모집공고일

까지 계속하여 무주택자일 것). 월
평균 소득이 전년도 도시근로자
가구당 월평균 소득의 140% 이
하(맞벌이는 160% 이하).

• 전체 물량 중 30%는 소득기준을
초과하거나 자녀가 없어도 추첨제로 선별한다.

신혼부부 특별공급 요건

구분	소득 기준		선별 방식
	외벌이	맞벌이	
신혼부부 우선공급 (50%)	100% 이하	120% 이하	자녀 수
신혼부부 일반공급 (20%)	140% 이하	160% 이하	
추첨 (30%)	소득 요건 미반영		추첨제 (자녀 없어도 가능)

2 | 다자녀가구 특별공급 지원 조건

대상자 입주자모집공고일 현재 미성년인 자녀 3명 이상을 둔
자(태아, 입양자녀 포함)

청약 자격

• 무주택세대 구성원은 동일한 주민등록표등본에 함께 등

재된 세대[청약 신청자의 배우자, 직계존속(배우자의 직계존속 포함) 및 직계비속(직계비속의 배우자 포함)]

• 전원이 주택 또는 분양권 등을 소유하고 있지 아니한 세대 구성원

3 | 노부모 부양 특별공급 지원 조건

대상자 일반공급 1순위에 해당하는 자로서 만65세 이상의 직계존속(배우자의 직계존속 포함)을 3년 이상 계속하여 부양(같은 세대별 주민등록표등본에 등재)하고 있는 세대주

청약 자격

• 해당 세대의 월평균 소득이 전년도 도시근로자 가구당 월평균 소득의 120% 이하

4 | 생애최초 주택 구입

대상자 생애 최초(세대구성원 모두 과거 주택을 소유한 사실이 없는 경우로 한정)로 주택을 구입하는 자

청약 자격

- 공공분양의 경우 청약통장 저축액이 600만 원 이상
- 입주자모집공고일 기준 혼인했거나 자녀가 있는 자(입양 포함, 혼인 중이 아닌 경우 같은 세대별 주민등록표등본에 등재)
- 입주자모집공고일 현재 근로자 또는 자영업자로서 5년 이상 소득세를 납부
- 투기과열지구 또는 청약과열지역의 주택에 특별공급 청약 시 과거 5년 이내에 다른 주택에 당첨된 자가 속해 있는 세대에 속한 자는 청약 불가
- 월평균 소득이 전년도 도시근로자 가구당 월평균 소득의 130% 이하(국민주택, 민영주택의 경우 160% 이하)

생애최초 특별공급 요건

구분	소득 기준	선별 방식
우선공급 (50%)	130% 이하	추첨제
일반공급 (20%)	160% 이하	
추첨 (30%)	소득 요건 미반영	수섬제 (1인 가구도 가능)

놓치지 마세요, 신혼희망타운

아이는 커가는데 집값은 끝도 없이 치솟아 새 아파트는 너무 비싸고 전세도 만만치 않다면 신혼희망타운을 알아보자. 신혼희망타운은 혼인신고를 한 지 7년 이내 또는 6세 이하의 자녀를 둔 신혼부부, 예비신혼부부, 한부모가정을 대상으로 연 1.3%라는 매우 저렴한 고정금리를 연계해 보금자리를 마련해주는 신혼부부 특화형 공공주택이다.

신혼희망타운은 분양형과 임대형 두 가지 타입이 있다. 분양형은 시세보다 매우 저렴한 고정금리로 집값의 30~70%까지 대출을 받을 수 있으며, 임대형은 최저 연 1.2%로 최장 10년간 임차보증금의 80%까지 지원(버팀목전세자금대출)해준다. 자산은 3억 300만 원을 초과해서는 안 되며, 금융 지원을 받는 만큼 주택을 팔 경우 시세차익의 일정 비율을 공유해야 한다.

기존택지 활용 및 신규택지 개발을 통해 교통이 편리하고 주거 여건이 좋은 도심 내외에 공급하며, 신혼부부를 대상으로 짓는 아파트이니만큼 교육 환경과 보육 시설, 커뮤니티, 놀이터 등을 강화했다. 이미 2021년 상반기에 과천지식정보타운, 위례, 성남 판교, 의왕 초평, 수원 당수 지역에서 성황리에 분양이 이루어졌다. 3기 신도시에서도 신혼희망타운 비중이 높은 만큼 잘 준비해서 내 집 마련을 하길 바란다.

신혼희망타운 자격 조건

구분		내용
기본자격	① 신혼부부	혼인 기간이 7년 이내 또는 6세 이하의 자녀를 둔 무주택세대 구성원
	② 예비 신혼부부	혼인을 계획 중이며, 공고일로부터 1년 이내 혼인 사실을 증명할 수 있는 자
	③ 한부모가족	6세 이하 자녀(태아 포함)를 둔 부 또는 모
세부 공통자격	입주 기준	공고일부터 입주할 때까지 무주택세대 구성원일 것
	주택청약종합저축	가입 6개월 경과, 납입 인정 횟수 6회 이상 (청약저축 포함)
	소득 기준	전년도 가구당 도시근로자 월평균소득 130% (3인 기준, 월 784만 원 수준) 이하(배우자 소득 있을시 140%, 3인 기준, 월 844만 원 수준 이하)
	총자산 기준	3억 700만 원 이하(2021년 적용 기준)
	전용 모기지	주택가격이 총자산 기준을 초과하는 주택을 공급받은 입주예정자는 입주할 때까지
	가입 기준	'신혼희망타운 전용 주택담보 장기대출상품'에 주택 가격의 최소 30% 이상 가입할 것

청약홈, 즐겨찾기하고 자주 방문하기

구체적으로 내 집 마련할 계획이 있다면 청약홈(www.

applyhome.co.kr)을 즐겨찾기하고 자주 들어가 보자. 청약홈은 한국에서 분양하는 청약 정보가 총 망라된 사이트로, 청약 일정과 아파트 정보를 확인할 수 있을 뿐 아니라 실제 청약도 모두 청약홈에서 이루어진다.

자주 달라지는 아파트 정책부터 청약 신청, 당첨 조회, 청약 자격 확인, 청약 시뮬레이션까지 내 집 마련의 A부터 Z까지 담겨 있으니 수시로 방문하는 것이 좋다. 원하는 지역의 분양 소식과 청약 일정을 문자로 알려주는 청약알리미 서비스도 제공하니 신청해보자. 또 청약 자격도 수시로 점검하고 자산과 필요한 서류 등을 챙겨서 실제 청약할 때 당황하지 않도록 하자.

청약홈에서 마음에 드는 지역의 아파트 모집 공고가 났다면 아파트 홈페이지에 들어가 자세한 정보를 입수한 후 부동산 카페와 블로그, 유튜브 등을 검색해 나와 있는 모든 정보를 취합하자. 그리고 모델하우스를 방문해 구조와 시스템, 자재 등도 확인한다. 요즘에는 코로나19로 인해 청약 전 사이버 모델하우스를 보고 당첨된 후에 실제 모델하우스 관람이 가능해졌다. 그리고 실제 건축 현장을 방문해 입지도 확인해보면 좋다.

■ 내 집 마련을 위해 알아야 할 청약 필수 지식 ■

Q | 무주택세대주란?

A | 세대주를 포함한 세대원 전원이 주택을 소유하지 않은 세대의 세대주를 말합니다.

....

Q | 무주택세대 구성원도 국민주택에 청약할 수 있나요?

A | 과거 국민주택에 청약할 때는 무주택세대주만 인정했는데 2015년에 청약제도가 변경되면서 무주택세대 구성원도 청약이 가능합니다.

....

Q | 무주택세대 구성원의 범위는 어떻게 되나요?

A | 주민등록표에 등재된 배우자, 직계존속(부모), 직계비속(자녀)입니다.

....

Q | 평생 내 집이 없었는데, 무주택 기간은 어떻게 계산하나요?

A | 청약자의 나이가 만 30세가 되는 날을 기준으로 무주택 기간을 계산하는데, 만 30세 이전에 결혼을 했으면 결혼한 날이 기준입니다. 입주자모집공고일 기준으로 청약자와 배우자가 주택을 보유하지 않은 기간을 역산해서 계산합니다. 무주택 여부는 입주자모집공고일 현재 청약자의 주민등록표에 등재된 청약자 및 세대원 전원이 무주택자여야 합니다. 배우자는 주민등록표상의 등재 여부와 관계없이 무주택 확인 대상입니다.

....

Q | 만 35살인데 보유한 주택을 1년 전에 처분했습니다. 무주택 기간은 어떻게 계산하나요?

A | 주택을 매도한 시점부터 현재까지 1년이 경과되었으므로 무주택 기간은 1년입니다.

Q | **오피스텔 1채를 보유하고 있습니다. 무주택자로 인정받을 수 있나요?**

A | 오피스텔은 주택에 포함되지 않으므로 무주택자입니다.

Q | **주택청약종합저축에 월 납입금은 얼마로 정해야 하나요?**

A | 월 납입금은 매월 2만 원 이상 50만 원 이내에서 10원 단위로 자유롭게 납입할 수 있습니다. 매달 최대 10만 원을 납입하는 것을 추천합니다.

Q | **청약 1순위가 되려면 어떤 조건을 채워야 하나요?**

A | 국민주택은 1년이 지난 계좌로 매월 정해진 날짜에 월 납입금을 24회 이상 납입해야 하고 민영주택은 가입 기간 1년이 지난 계좌로서 납입 금액이 지역별 예치금 이상 돼야 합니다(국민주택과 민영주택 모두 수도권 이외의 지역은 6~12개월 기간으로 지역별로 시, 도지사가 정하는 기간이 다름).

Q | **2달 정도 연체를 하였습니다. 청약 1순위가 늦어지나요?**

A | 매월 정해진 날짜를 기준으로 연체를 적용해서 청약 순위를 산정하기 때문에 매월 주택청약종합저축에 가입한 일자에 납입하지 않으면 청약 순위가 지연됩니다. 단, 민영주택은 연체를 적용하지 않습니다.

Q | **3년 전에 6개월 납입한 주택청약종합저축 통장이 있는데 그**

동안 돈을 안 냈습니다. 이어서 납입하는 것이 나은가요? 아니면 해지하고 새로 가입하는 게 유리한가요?

A | 민영주택에 청약할 예정이라면 통장에 가입한 지 2년이 경과했으므로 이미 1순위입니다. 청약할 지역의 지역별 예치금만 채워 넣으면 언제든지 청약이 가능합니다. 국민주택에 청약할 예정이라도 이미 6회를 납입했기 때문에 앞으로 18회만 더 채워 넣으면 1순위가 됩니다. 해지하는 것보다는 이어서 계속 납입하는 게 유리합니다.

Q | 주택청약종합저축에 납입한 돈의 일부 인출이 가능한가요?

A | 청약통장을 해지하지 않는 한 통장에 들어 있는 돈을 찾아 쓸 수 없습니다.

Q | 주택청약종합저축에 가입하면 소득공제를 받을 수 있다고 하는데 누구나 다 소득공제를 받을 수 있나요?

A | 연간 납입한도의 40%, 96만 원 한도에서 소득공제를 받을 수 있습니다. 단 총급여 7,000만 원 이하의 근로자로서 무주택세대주만 소득공제가 가능합니다. 소득공제 신청은 연말까지 주민등록등본과 신분증을 지참하고 은행을 방문해서 무주택 확인서에 서명하면 됩니다.

Q | 청약예금 통장을 갖고 있습니다. 추가로 주택청약종합저축에 가입할 수 있나요?

A | 청약통장은 '1인 1통장'만 허용됩니다. 주택청약종합저축에 가입하려면 청약예금 통장을 먼저 해지해야 합니다.

Q | 청약 가점제에서 무주택으로 인정하는 소형·저가 주택 기준

은 어떻게 되나요?

A | 수도권은 전용 면적 60m² 이하면서 공시가격 1억 3,000만 원 이하
의 주택을, 수도권 이외의 지역은 전용 면적 60m² 이하면서 8,000
만 원 이하 주택을 무주택으로 인정합니다.

....

Q | 청약예금의 면적 변경은 한 번만 가능한가요?

A | 지역별 기준에 따라 전용 면적별 예치금액만 채워 넣으면 자유롭게
면적을 변경할 수 있습니다. 선택한 전용 면적 이하의 면적으로는
모두 청약 가능하고 큰 면적에 청약할 때는 입주자모집공고일 당일
까지 지역별 예치금을 채워 넣고 변경한 후 청약하면 됩니다.

....

**Q | 청약에 당첨되었지만 사정이 생겨 계약을 하지 않으면 어떤
불이익이 있나요?**

A | 당첨이 되면 계약 체결 여부와 관계없이 재당첨 제한 기간 동안 청
약자격 제한을 받으며(민영주택 청약은 제외) 당첨된 통장은 청약권
이 상실됩니다. 단, 분양 전환이 되지 않는 임대주택은 계약을 안 해
도 청약 자격 제한을 받지 않습니다.

....

**Q | 돈이 급하게 필요합니다. 청약통장을 해약하고 싶지 않은데
다른 방법이 있나요?**

A | 청약통장을 담보로 예금담보대출을 받으면 됩니다. 통상 통장 안에
들어 있는 돈의 90%까지는 이자를 내고 대출을 받아 사용할 수 있
습니다.

| 청약통장 |

선생님,
저, 집 장만할 수 있을까요?

지금 사는 응암동의 빌라는 전세보증금 1억 원으로 대학 친구와 보증금을 5,000만 원씩 나눠 내고 살고 있다. 둘 다 회사에서 식사를 해결하기 때문에 잠만 자는 집이다. 며칠 전 만난 집주인 할아버지가 살기 어렵다며 다음번 계약할 때는 전세금을 올리고 싶다는 푸념을 늘어놓고 갔다. 건물주가 살기 어렵다니 이게 웬 고약한 소리인가.

아직 청약으로 내 집 마련할 날은 까마득하고, 어떤 집에 청약하고 싶은지 머릿속에 그려지지도 않아 집에 대한 생각은 막막하지만 그래도 청약통장 하나쯤은 준비해 놓아야겠지?

이 선생님, 주택청약종합저축에 가입해서 몇 년 있어야 하나요? 돈은 얼마나 넣으면 좋을까요? 이자는 어떻게 받죠?

이 선생님의 재테크 과외

1 | 은행에 가서 청년우대형 주택청약종합저축(19~34세 청년만 가입 가능, 우대금리·비과세 혜택) 통장을 만들고 매달 10만 원씩 24개월만 연체 없이 불입하세요. 이왕이면 월급통장을 만든 은행에서 가입하면 우대 점수가 올라갑니다.

2 | 금리는 연 1%~3.3%로 낮은 편이지만 김 대리는 무주택세대주이므로 불입금의 40%인 48만 원을 소득공제 받을 수 있어 이자율이 다른 적금보다는 높은 편입니다. 게다가 김 대리 같은 청년들만 가입할 수 있는 청년우대형 주택청약종합저축은 이자소득 합계액 500만 원까지 비과세 혜택을 받을 수 있어요. 청약할 때까지는 계속 불입해도 됩니다.

3 | 최근 청년을 대상으로 한 임대주택 공급을 늘리고 있으니 청약통장을 관리해서 청약을 넣어봅시다. 결혼할 때 아파트 전세를 얻을 돈이 부족하면 청약통장을 활용해 신혼부부, 대학생, 사회초년생에게 우선권을 주는 행복주택이나 신혼부부 전세임대와 같은 공동임대주택에도 청약할 수 있습니다. 주거비용을 아끼면 부담을 많이 덜 수 있습니다.

4 | 소득공제를 받아야 하니 12월 31일까지는 청약통장을 가입한 은행에 가서 무주택 확인을 받아두는 것 잊지 마세요. 가능하면 가입할 때 한 번에 처리하는 것이 편합니다. 주민등록등본과 신분증을 가져가면 됩니다.

5 | 주택은 투자 개념으로 보지 말고 주거 편의 관점에 초점을 맞추세요.

....

매일은행에 가서 청년우대형 주택청약종합저축에 가입했다. 또한 이 선생님 조언대로 주민등록등본 한 통을 떼서 무주택 확인서에 서명하는 것으로 내년에 연말정산 할 때 소득공제를 받을 수 있게 만들어 놓았다. 매월 10만 원씩 불입하는 조건으로 주택청약종합저축에 가입했으니 2

년 후면 청약 1순위가 될 것이다. 그때까지 집을 마련할 돈을 모으면 좋겠는데, 갈 길이 멀다. 힘내자!

뻔한 월급
적절한 투자,
펀드 · ETF · 주식

이제는 시중 은행에서 판매하는 예금상품 중에 세금을 제하고 연 1% 이상 이자를 주는 곳을 찾기가 어렵다. 이와 같은 저금리 시대에는 돈을 들고만 있어서는 자산을 불릴 수 없다. 투자를 해야 한다.

저금리는 개인의 저축이나 투자 패턴에 큰 변화를 가져왔다. 2021년 3월말 기준으로 가계금융자산 중 주식 투자 비율이 20.3%를 기록할 정도로 많은 사람이 투자에 관심을 기울이기 시작한 것이다. 그런 가운데 2020년 2월, 코로나19로 주식시장은 대폭락했다. 예전 같았으면 패닉 상태에 빠져 큰 손실을 보고 주식시장을 탈출했을 텐데 이번에는 달랐다. 한 번도 주식 투자를 해보지 않은 사람들까지 투자에 나설 정도로 열기가 뜨거워졌다. 과거의 학습 경험을 바탕으로 주식 거래를 하면서 수익을 보았고 자신감도 얻었다.

주식 투자에 대한 관심이 그 어느 때보다 뜨겁고 강렬한 지금, 이 열풍이 언제까지 갈 수 있을지 의문이 든다. 투자 열풍이 불다 무관심해지고 다시 열광하는 모습을 수차례 반복해서 봐왔기 때문이다. 이럴 때일수록 냉정하게 판단하며 자산을 불려나가야 한다.

투자가 처음이라면
펀드로 시작해 ETF, 주식 순으로

투자를 할 때 '모 아니면 도'의 자세로 접근하면 안 된다. 아기가 기기도 전에 뛸 수 없듯이 투자 능력을 체계적으로 키워나가야 한다.

또한 투자는 한쪽으로 편향되어선 안 된다. 투자 초보자라면 쉬운 상품부터 차근차근 투자 경험을 쌓아가는 것이 좋다. 그러다가 경험과 실력이 쌓이면 가장 자신 있는 투자 상품의 비중을 늘려간다.

　가장 추천하는 방법은 처음에 적립식 펀드로 시작해서 펀드와 주식의 장점을 취한 ETF(상장지수펀드, Exchange Traded Fund)로 넘어가고 마지막에는 주식으로 폭을 넓히는 것이다. 하지만 주식 종목을 직접 고르고, 매수와 매도를 잘하는 단계에 도달했어도 상품마다 장단점이 있기 때문에 적립식 펀드, ETF와 함께 분산 투자할 것을 강조한다. 이때 주식의 비중을 가장 높게 가져가면 된다. 이번 통장에서는 펀드, ETF, 주식에 대해 차례대로 이야기하겠다.

3년 이상 시간 여유가 있는 돈이라면 펀드

　2010년 펀드 광풍이 휩쓸고 간 후, 요즘은 직접 주식을 사고파는 시대지만 은행 금리 이상의 수익을 얻고 싶지만 금융에 큰 관심이 없다면 펀드도 여전히 좋은 상품이다. 펀드는 투자전문기관이 가입자의 돈으로 주식에 투자해 여기서 올린 수익을 가입자에게 나누어주는 간접투자 상품이다. 주식의 성격을 띠므로 원금 보장이 안 돼 돈을 잃을 수도 있고, 수익률 예측이 불가능하며 투자 시간이 필요하다는 단점이 있다. 하지만 투자 전

문가가 운용하기 때문에 믿을 수 있고 대체로 은행 금리 이상의 수익을 얻을 수 있어 초보 투자자에게 가장 적합하다.

또 펀드는 중·장기 투자에 적합한 투자 상품이다. 인생을 살면서 시기마다 꼭 필요한 자금들이 있다. 앞으로 3년 이상 5년 이내의 재무 목표를 이루기 위해 돈을 모을 때나 여유 자금을 불리고 싶다면 펀드가 좋다. 일반적으로 경기 순환 사이클 상 3년 정도의 시간이 흐르면 침체된 경기도 어느 정도 상승 기류를 타기 때문에 3년 이상 투자할 경우 펀드에서 수익을 올릴 가능성이 커진다.

2년 이내에 결혼하려고 모으는 돈이나 곧 치러야 하는 청약

아파트의 잔금과 같은 돈은 투자하면 안 된다. 이런 자금을 펀드에 투자했다가 손실이 나면 돈이 꼭 필요할 때 대출을 받거나 손실을 확정 짓고 펀드를 환매할 수밖에 없기 때문이다. 실제로 결혼을 앞둔 예비 신혼부부들이 돈을 조금 더 불릴 욕심에 결혼 자금을 펀드에 넣었다가 결혼할 때 눈물을 머금고 마이너스 펀드를 해약하는 사태도 종종 벌어졌다.

좋은 펀드 고르는 법

한국은 펀드의 역사는 짧지만 펀드 종류만큼은 세계 어느 나라에도 뒤지지 않는 편이다. 하지만 펀드가 많이 만들어지는 데 비해 한국의 펀드 자산 규모나 펀드 매니저 숫자는 적어 실상 만들어 놓고 방치하는 펀드가 많다. 즉 유행에 따라 펀드를 만들어 놓고 판매가 잘 안 되면 방치하다가 청산하는 펀드가 많다는 이야기다. 가입한 펀드가 방치될 경우 관리가 잘 되는 펀드에 비해 수익률이 좋지 않은 것은 당연하다.

어떻게 하면 그 수많은 펀드 중에 좋은 펀드를 고를 수 있을까? 최소한 다음의 10가지 기본 원칙을 잘 활용해보자. 이 내용은 꼭 펀드에 가입하지 않더라도 투자를 하는 사람이라면 알고

4 | 뻔한 월급 적절한 투자, 펀드·ETF·주식

있어야 하는 기본 금융 상식이기도 하다.

1 | 투자 목적에 따라 펀드를 선택하자

펀드는 대표적인 중기 금융 상품(3~5년)이다. 재무 목표(주택 자금, 교육 자금, 은퇴 자금 등)에 맞게 투자하면 주식시장 등락에 크게 신경 쓰지 않아도 된다. 설사 주가가 당분간 하락한다고 해도 꾸준히 납입하면 언젠가는 자신이 원하는 수익률을 달성할 수 있다.

2 | 투자 성향에 따라 펀드를 선택하자

위험을 감수할 수 있는 정도에 따라 펀드 종류와 투자 금액을 선택해야 한다. 자신의 성향을 파악하지 못한 채 펀드 투자를 하면 수익률의 등락에 따라 몸도 마음도 힘들어진다.

3 | 아무리 강조해도 지나치지 않는 원칙, 분산 투자

펀드에도 여러 종류가 있다. 투자 가능 금액을 자신의 투자 성향에 따라, 펀드의 스타일과 유형에 따라, 투자 지역에 따라, 주식시장과의 상관관계에 따라 분산 투자하면 안정적인 수익을 올릴 수 있다.

4 | 합리적인 기대 수익률을 설정하자

펀드는 대박을 노리는 상품이 아니다. 철저한 분산 투자에 의한 합리적인 수익률을 추구해야 한다. 본인의 기대 수익률을 설정한 후 그 수익률에 맞추어 펀드를 선택한다. 요즘 같으면 연평균 8% 정도의 수익률이 합리적이다. 연 8%의 수익률이 낮아 보이나 적금으로 따지면 연 16%의 이자율이므로 요즘과 같은 저금리 상황에서는 결코 낮지 않은 수익률이다. 추가로 얻는 이익은 덤으로 생각하자.

5 | 올바른 펀드 가입과 환매 전략을 수립하자

적립식 펀드는 가입 시기가 크게 중요하지 않다. 투자하기로 마음을 먹었으면 언제든지 실행하면 된다. 반면에 거치식 펀드(예금처럼 한 번에 목돈을 넣는 펀드)는 가입 시점을 잘 잡아야 한다. 환매 시점은 적립식이나 거치식 모두 중요하다. 최고점을 예측하기 어렵기 때문에 여러 번에 나눠 환매하는 분할 환매 전략을 활용해야 한다. 거치식 펀드를 매수할 때도 한 번에 하지 말고 3~6회에 걸쳐 분할 매수한다면 위험을 크게 줄일 수 있다.

6 | 과거 수익률을 참조하자

과거 수익률이 미래 수익률을 보장하는 것은 아니지만 오랜 기간 안정적인 수익을 올린 펀드는 미래에도 안정적인 수익을 올릴 확률이 높다.

7 | 펀드매니저가 자주 바뀐다면?

자산 운용사의 과거 운용 실적, 운용 경력, 운용 철학과 운용 시스템을 살펴보는 것은 매우 중요하다. 신생 자산 운용사는 단기 실적이 아무리 좋더라도 일시적인 거품에 그칠 확률이 높기 때문에 검증된 자산 운용사의 펀드를 선택하는 것이 유리하다. 또한 대부분 팀 운용을 많이 하지만 오랫동안 운용을 잘해온 개인 펀드 매니저의 펀드도 상대적으로 수익률이 좋다. 가입한 펀드의 펀드 매니저가 자주 교체되면 펀드 운용에 경고 등이 들어왔다고 판단하고 환매하거나 다른 상품으로 교체하는 게 좋다.

8 | 펀드의 보수와 수수료, 뭐가 다를까?

보수와 수수료는 모두 일을 처리해준 대가로 지불하는 돈을 의미하지만 펀드의 보수와 수수료는 성격이 조금 다르다. 보수는 펀드 운용사나 신탁회사, 판매사에 정기적으로 지급되는 비용을 뜻하며 수수료는 펀드 투자에 필요한 직접적인 비용을 일회성으로 지불하는 것을 뜻한다.

수익률이 동일하다면 보수와 수수료가 적은 펀드가 더 유리하다. 3년 이상 유지할 펀드라면 선취 수수료를, 단기로 운영할 펀드라면 다소 보수가 비싸더라도 선, 후취 수수료를 내지 않는 것이 좋다.

펀드 상품명 뒤에 A, B, C, E가 붙는데 이는 수수료와 보수의 형태다. A는 선취수수료, 즉 입금할 때 수수료가 부과되므로 3년 이상 장기투자자에게 권하는 상품이다. B는 후취수수료로 환매 시 수수료가 부과되어 단기 투자에 적합하다. C는 선·후취 수수료가 없으나 판매 보수가 비싼 편이다. E는 인터넷으로 판매하는 상품으로 판매 보수가 저렴하다. 예를 들어 사과증권 마켓커버리 AE 펀드 상품이 있다면 선취수수료를 지불하며 인터넷으로 판매하는 상품이라는 의미다.

9 | 자산 규모를 파악하자

펀드 규모가 너무 작으면 중도에 청산될 수도 있고(최소 50억 이상이어야 함), 운용 철학에 따라 수익률이 널뛰기를 할 수도 있다. 따라서 설정 잔고를 확인해야 하는데, 일반적으로 500억 원이 넘으면 안정적이다. 요즘은 펀드의 인기가 과거에 비해 많이 떨어져 500억을 밑도는 펀드가 많으니 그 기준을 조금 낮게 잡아도 된다. 또한 설정 잔고가 너무 높아 1조를 넘어서면 펀드가 비둔해져 운용에 문제가 발생할 수 있으므로 가입 전 펀드의 설정 잔고를 확인하는 것이 꼭 필요하다.

10 | 유능한 전문가와 상담하고 펀드를 결정하자

펀드에 대해 이해하거나 펀드를 고르기 힘들다면 전문가를 활용하는 것이 좋다. 최소한 기본적인 상품 특성과 수익을 낼 수 있는 방법은 알고 가입해야 한다. 펀드 투자에 익숙해지기 전까지는 펀드에 가입할 때 반드시 판매사 전문 상담 인력과 충분히 상담한 후 펀드 가입을 결정하자.

워런 버핏의 가족을 위한 선택, 인덱스 펀드

워런 버핏은 2013년 버크셔 해서웨이 연례보고서에 자신이 죽은 뒤 아내에게 남겨진 유산은 국채 매입에 10%를 쓰고 나머지 90%는 전부 S&P500 인덱스 펀드(세계 3대 신용평가 기관인 스탠더드앤드푸어스가 선정한 500개 기업의 주가를 추종하는 상품)에 투자하라고 유언을 남겼다. 인덱스 펀드란 무엇일까?

펀드 매니저가 적극적으로 주식을 사고팔아 투자 성과를 평가할 때 기준이 되는 지수보다 더 큰 수익을 내려는 펀드를 '액티브 펀드'라고 한다. 이와 달리 '패시브(소극적인) 펀드'인 인덱스 펀드는 말 그대로 지수에 투자하는 펀드로, 기준이 되는 지수의 흐름에 따라 수익률이 정해지는 구조다. 간단하게 말해서 액티브 펀드가 주식 '종목'에 투자하는 것이라면, 인덱스 펀드는 주식 '시장'에 투자하는 것으로 이해하면 된다. 카지노에 가서 직접 이런저런 다양한 게임에 베팅하기보다 카지노 회사에 투자한다고 생각하면 이해가 빠를 것이다.

그래서 코스피 지수가 오르면 인덱스 펀드도 대체로 코스피 지수가 오른 만큼은 오른다. 주식시장은 처음 개장한 이래 계속 규모가 커지고 주식 물량도 많아져 이 시장에 투자하면 결국 수익을 볼 수 있다는 것이 인덱스 펀드의 장점이다. 또 액티브 펀드와 달리 펀드 매니저의 역할이 별로 없어 수수료나 보수 등의 운용비용이 상대적으로 싸다. 인덱스 펀드가 액티브 펀드에 비해 평균적으로 1% 정도 저렴하다.

인덱스 펀드의 수익률도 알찬 편이다. 금융 데이터 전문기업인 에프앤가이드가 2021년 5월 10일 기준 국내 주식형 펀드의 직전 1년 수익률을 집계한 자료에 따르면 코스피200지수를 추종하는 인덱스 펀드의 평균 수익률은 70.79%이고 액티브 펀드

4 | 뻔한 월급 적절한 투자, 펀드 · ETF · 주식

의 수익률은 62.26%로 같은 기간 인덱스 펀드의 평균 수익률이 액티브 펀드보다 8.53%p 높았다.

물론 평균을 따르는 펀드이기 때문에 인덱스 펀드가 반드시 액티브 펀드에 비해 수익률이 높다고 단정할 수는 없다. 주가가 박스권일 때는 수익률이 드라마틱하지 않아 지루하게 느껴질 수도 있다.

장기 투자가 능사는 아니다, 목표 수익률 관리

투자를 이야기할 때 장기 투자를 하면 성공한다는 이야기를 많이 한다. 그런데 돈은 머리로 움직이지 않고 가슴으로 움직일 때가 더 많다. 머리로는 장기 투자를 하라는 이야기를 이해하지만 막상 수익률이 오르내리고 그 폭이 커지면 가슴이 먼저 뛴다. 그래서 오를 때 욕심이 생겨서 매월 정기적으로 납입하는 금액보다 더 많이 납입하게 되고, 큰 폭으로 떨어지기 시작하면 두려움에 납입을 중단한다. 투자에 실패하는 이유 중 하나다.

한편, 장기 투자를 한다고 반드시 성공하는 것도 아니다. 보통 3~5년을 보고 투자하는 게 맞지만 코로나19로 주가가 폭락한 2020년 2월과 같은 시기라면 펀드에 들어갔던 돈이 순식간에 반 토막 나기도 한다.

이러한 위험을 예방하기 위해서는 먼저 가입할 때 목표 수익률을 정해 놓자. 투자를 시작한 지 1년이 지나는 시점부터 목표 수익률에 도달하면 원금과 수익을 더해 목돈이 된 돈은 환매하고, 납입은 계속해 나가면 좀 더 안정적으로 펀드 투자를 할 수 있다.

펀드든 주식이든 투자하기로 마음먹었다면 먼저 목표 수익률을 정하자. 종합주가지수가 위, 아래로 큰 폭으로 움직일 때는 목표 수익률을 연평균 8~12% 정도로 정하면 적절하다. 하지만 주가지수가 3,000~3,200, 3,100~3,200처럼 이른바 '박스권'에 갇혀 변동성이 작아지는 상황이 지속된다면 목표 수익률을 조금 낮춰 잡아야 한다. 그때는 연 5~6% 정도가 적절하다. 참고로 펀드는 변동성이 작을 때보다 클 때 수익률이 높아질 가능성이 크다.

목표 수익률을 연 8%로 정하고 매월 50만 원을 적립식 펀드에 투자한다고 가정하자. 처음 몇 달 안에 연 8%를 올린다고 해도 그 수익이 얼마 안 되기 때문에 그 시점에서는 환매할 필요가 없다. 1년 정도 납입하면 원금이 연 600만 원이 되는데 이 시점에서 수익률이 8%라면 48만 원의 투자수익을 얻을 수 있다(국내 주식형 펀드는 세금이 거의 없음). 648만 원은 환매를 해서 안전 자산 위주로 목돈 투자를 하고 매월 납입하던 월 50만 원은 계속 납입하면서 이 과정을 반복하면 된다.

만일 1년 후 수익률이 -15%라면 환매할 필요가 없다. 펀드의 손실은 환매할 때 결정된다. 그전까지는 꾸준히 원금을 늘려나가면 된다. 몇 달을 더 납입해 나가다가 연평균 수익률 8% 근처가 되는 시점이 오면 그때 덩어리가 된 원금과 수익은 안전 자산으로 옮기고, 여전히 저금리 상황이라면 납입을 계속한다. 1년 6개월 정도 투자했다면 기간 수익률이 12%는 돼야 연평균 8%가 된다. 때로는 더 오래 기다려야 할 수도 있기 때문에 펀드 투자를 할 때는 여윳돈으로 최소한 3~5년 정도의 시간적 여유를 가지고 투자를 해야 한다.

주식 투자 전 ETF 투자부터

코로나19로 인한 보상심리로 명품 소비가 늘어났다고 한다. 명품을 사기 위해 오랜 시간 대기하다 매장 문이 열리면 달려가 구매한다는 '오픈런' 기사가 보도되고, 명품 패션 회사 매출은 최고치를 경신하며 명품 붐이 10대까지 내려갔다고 하니 명품 브랜드 기업의 주가가 오를 것으로 예상되어 주식을 사기로 마음먹었다.

루이비통, 디올, 셀린느, 모엣 샹동 등의 브랜드를 보유한 LVMH그룹의 주식은 프랑스 까끄(CAC)에 상장되어 있다. 유로로 환전한 후 파리 주식 개장 시간(한국 시각으로 오후 5시)에 맞춰 매수하면 되는데 문제는 실시간 호가를 알 수 없어 정확히 얼마에 살 수 있는지 가격을 모르는 데다 환전 수수료에 거래 수수료까지 최소 10유로 이상이 든다.

이럴 때는 기업의 주식을 각각 거래하는 것보다 루이비통, 에르메스, 페라리, 에스티로더 등의 주식을 보유한 명품 ETF를 구매하는 것이 합리적이다.

ETF는 투자자들이 개별 주식을 고르는 수고를 하지 않아도 되는 펀드 투자의 장점과 언제든지 시장에서 원하는 가격에 매매할 수 있는 주식 투자의 장점을 모두 가지고 있는 투자 상품

으로 인덱스 펀드와 주식을 합쳐 놓았다고 생각하면 된다.

　ETF는 수수료가 저렴하며 주식처럼 1주씩 사고팔 수 있어서 매수와 매도가 쉽고 빠르다. 또 여러 가지 종목을 인덱스처럼 구성해 살 수 있다는 장점이 있다.

　전기차 배터리 기업에 투자하고 싶은데 공부하는 게 만만치 않다. 전기차 공부를 시작하려니 LG에너지솔루션부터 SK이노베이션, 삼성SDI, 중국 1위 배터리 기업인 CATL 등의 기업도 찾아봐야 하고 2차전지, 리튬 폴리머, 음극제, 습식분리막, 전고체배터리까지 공부할 것이 산더미다. 모르는 데는 투자하지 말라고 해서 공부를 시작했는데 공부할수록 어려운 것이 현실이다. 이럴 때 ETF가 답이다.

　ETF는 종목이 다양하다. KOSPI 200과 같은 시장지수를 추종하는 종목도 있고 ESG나 2차전지, 4차 산업혁명처럼 테마 위주로 투자할 수도 있다. 자동차나 반도체와 같이 잘나가는 산업군이나 미국의 FANG 같은 해외 주식에도 투자가 가능하다. 국고채와 같은 안전자산, 금이나 구리 같은 원자재, 콩과 같은 농산물에도 투자할 수 있다.

삼성자산운용이 만든 ETF 중 하나인 KODEX200은 KOSPI 200이라는 특정 지수를 추종하면서 가격이 움직인다. 만약 반도체 기업에 투자하고 싶다면 미국의 엔비디아, 퀄컴, 대만의 TSMC, 삼성 등으로 구성된 반도체 ETF를 매수하면 되는 것이다.

주식 투자를 하다 보면 크게 두 가지 위험이 따르는데 '시장 위험'과 '개별 위험'이다. 시장 위험은 매일 종합주가지수가 오르고 내리듯이 주식시장 전체의 문제라 개인이 통제할 수 없지만 개별 위험은 내가 산 종목의 위험이므로 어떤 종목을 고르냐에 따라 위험이 기회가 되기도 한다. 시장 위험이야 피해 갈 수 없지만 개별 위험에 있어서 ETF는 여러 종목에 분산 투자를 한 것이므로 개별 종목을 사고파는 주식 투자보다 훨씬 안전하다.

ETF 종목들의 1주당 가격이 우량 주식과 비교하면 상대적으로 저렴하다는 것도 접근성을 높인다. 소액으로 투자하며 투자 지식이나 경험을 쌓을 수 있다는 것도 큰 장점이다. 투자 대상이 점점 다양해지고 있기 때문에 관심만 가진다면 마음에 드는 종목을 고르는 것이 그리 어렵지 않을 것이다.

주식에 배당금이 있다면 ETF에는 분배금이 있다

적금에 이자가 붙듯 주식도 이자처럼 배당금이 들어온다. 배당금은 반기 또는 분기마다(미국은 달마다) 기업이 주주에게 이익을 나눠주는 분배금으로, 자기 기업에 투자해준 주주에게 감사를 표하고 주식을 장기간 보유하도록 회유하는 인센티브이기도 하다. ETF도 배당금처럼 분배금이 들어온다.

대부분의 ETF는 현물 주식으로 구성된 주식 바구니다. 따라서 바구니 안에 들어 있는 개별 종목들이 배당을 하면 배당금을 모아두었다가 ETF 운용에 들어가는 비용을 공제하고 남는 금액을 배당금 성격의 분배금으로 지급한다.

ETF에 따라 차이가 있지만 대부분 최대 연 5회, 1월, 4월, 7월, 10월 마지막 영업일과 회계 기간 종료일에 분배금을 지급한다. 1년에 한 번 분배금을 지급하는 ETF도 있고 분배금을 지급하지 않는 ETF도 있다.

KODEX고배당 ETF 직전 3년간 분배금 지급 현황

지급 기준일	분배금	세전 분배금 수익률	지급 기준일 ETF 가격
2021-04-30	440원	4.41%	9,970원
2020-04-29	290원	4.33%	6,690원
2019-04-30	367원	4.23%	8,670원
평균	365원	4.32%	8,443원

위의 표는 KODEX고배당 ETF의 직전 3년간 분배금 현황인데 3년 평균 세전 분배금 수익률이 4.32%나 되었다. 분배금만 보더라도 은행 예금 이자나 일반 주식 배당금과 비교해 결코 무시할 수 없는 높은 수익이니 관심을 가져볼 만하다.

해외주식 투자, 밤 새지 말고 ETF로 쉽게

해외주식 투자에 관심은 있지만 환전과 시차, 거래 수수료 등의 어려움 때문에 접근하기 힘든 투자자들에게 해외주식에 분산 투자하는 ETF가 대안이 될 수 있다.

예를 들어 미래에셋자산운용이 발행한 TIGER미국테크 TOP10은 애플, 마이크로소프트, 알파벳, 아마존, 페이스북, 테

슬라, 엔비디아, 페이팔, 어도비, 컴캐스트 등 미국의 잘나가는 빅테크 기업 10개를 비중을 달리해 투자 바구니에 담고 있다. 한 주당 가격도 1만 원을 조금 넘는 수준이다. 한국 돈으로 1주당 400만 원을 육박하는 아마존 주식을 사는 것보다 부담이 덜하며 세계를 주도하는 테크기업에 나눠서 투자할 수 있다는 장점도 있다.

삼성자산운용이 발행한 KODEXS&P500TR은 더 많은 미국의 우량 종목을 담고 있는데, 위에서 언급한 10개의 종목에 더해 미국 증권시장에 상장된 대형주 500개 종목에 투자한다. 미국 주식만이 아니라 중국, 일본, 대만, 인도 등 국가를 뛰어넘는 이머징, 라틴, 글로벌 등의 ETF가 있어 입맛대로 투자 대상을 골라 투자하면 된다.

푼돈 ETF 투자로 목돈 만드는 법

ETF의 장점 중 하나는 가격이 저렴하다는 것이다. 이런 ETF를 이용해 푼돈을 목돈으로 만드는 간단한 방법이 있다. 앞에서 통장을 쪼개 관리하는 방법에 대해서 언급했는데 그 통장 중 매월 통신비나 외식비 등을 넣어 두는 정기지출 통장을 이용해

ETF에 투자하는 것이다. 이 통장에는 관리비나 저축 등 지출 금액의 변동 없이 매월 나가는 돈도 넣어 두지만 외식비, 용돈, 휴대폰 비용과 같이 노력하면 아낄 수 있는 돈도 넣어 둔다. 이 돈을 절약하여 1만 원만 만들어도 ETF 투자를 바로 시작할 수 있다.

매월 25일에 월급을 받는다고 가정하자. 월급을 받으면 목적에 따라 만든 여러 개의 통장으로 각각 돈을 배분할 것이다. 정기지출 통장에도 그달에 지출할 돈이 들어간다. 한 달 동안 사용하고 24일 저녁까지 통장에 남아 있는 돈은 ETF 투자를 위해 만들어 놓은 주식거래 통장으로 보내고 정기지출 통장의 잔고를 '0원'으로 만드는 것이다. 정기지출 통장에 남아 있는 돈이 5,000원이라도 상관없고 1만 원이라도 상관없다. 평소에 골라 둔 ETF 종목을 살 수 있는 만큼 사면 된다. 다음 달에도 반복하여 1년 정도는 사기만 한다. 매달 이렇게 모은 푼돈은 1년 후에 목돈으로 변해 있을 것이다.

2차전지 관련 기업에 투자하는 KODEX2차전지산업 ETF는 2021년 7월 12일 종가 기준 1주당 19,865원이다. 편의상 이 단가가 고정적이라고 가정했을 때 매월 5만 원을 남겨 KODEX2차전지산업 종목에 투자한다면 1년 후에 약 30주를 살 수 있다. 이 종목이 1년 후에 15%가 올라 22,840원이 돼 매도한다면 약 685,200원이 된다. 친구와 저녁에 만나 소주 한 잔하면서 한 번에 써버릴 수 있는 월 5만 원의 푼돈이 1년 동안 685,200원의 목돈으로 변하게 된다.

푼돈으로 ETF에 투자하는 재미를 붙이면 돈을 아끼는 게 궁상맞은 게 아니라 재미가 될 수 있다. 식사 후 테이크아웃 커피 구매하는 횟수를 절반으로 줄여도 KODEX2차전지산업 ETF 1주를 살 수 있고, 외식할 때 조금만 저렴한 메뉴를 선택해도 ETF 1주는 더 살 수 있다.

푼돈 투자의 장점은 적은 돈으로 투자 경험을 쌓을 수 있다는 것이다. 어렵게 느껴지는 경제 신문 읽기나 투자 공부에도 재미를 붙일 수 있다. 경제 신문 헤드라인에 '미국이 달러를 대량으로 찍어내 금값이 올라가고 있다', 'OPEC+에서 원유 증산 협의가 무산돼 원유 가격이 오르고 있다', '삼성전자, 2분기 영업이익 12.5조 원, 어닝 서프라이즈' 같은 기사가 실리면 그달에는 KODEX골드선물(H)(1주: 12,225원, 2021년 7월 12일 기준)이나 KODEXWTI원유선물(1주: 11,145원, 2021년 7월 12일 기준) 또는 TIGER삼성그룹펀더멘탈(1주: 12,475원, 2021년 7월 12일 기준)을 사면서 투자 공부를 투자 경험으로 연결시켜보자. 이런 경험이 앞으로 자산 관리를 하는 데 큰 힘이 된다.

주식 투자, 평생 한다는 마음으로

같은 기간에 투자를 했는데 어떤 사람들은 돈을 벌고 어떤 사람들은 돈을 잃는다. 그 차이가 뭘까? 운의 차이일까? 물론 단기적으로는 운도 크게 작용한다. 하지만 장기적으로 주식 투자를 하다 보면 운이 계속 따라주지 않는다는 것을 알게 된다. 운으로 벌었던 돈도 한순간에 잃을 수 있는 것이 주식 투자다.

그래서 장기적으로 주식 투자에 성공하려면 계속 공부를 하면서 경험을 쌓아가야 한다. 공부를 한다고 반드시 투자에 성공하는 것은 아니지만 성공할 확률은 높아지고 실패할 확률은 낮아지는 것만큼은 분명하다.

은행 예금의 1년 만기 세후 수익이 연 1%도 안 되는 초저금리 상황이 이어진다면 평생 주식 투자를 한다는 마음으로 투자에 임해야 한다. 그래야 좋은 주식을 사서 한동안 주가가 떨어지더라도 느긋하게 기다리면서 수익을 챙길 수 있다.

'서당 개 삼 년이면 풍월을 읊는다'고 큰아들이 고등학생 때부터 주식에 관심을 가지더니 대학에 진학해서는 아르바이트를 해서 번 돈과 용돈을 합쳐 본격적으로 주식 투자에 나섰다. 종목 선정에서 매수, 매도까지 본인이 판단해서 주식 투자를 했지만 결과가 신통치 않았다. 왜 그런가 살펴보니 너무 많은 종목을 수시로 사고팔았기 때문이었다. 같은 종목을 사고팔았다가 다시 사는 경우도 많았다. 그렇게 매도했던 종목들 중에는 오랫동안 보유했다면 2배 이상 올랐을 종목들도 즐비했다.

그때 아들에게 몇 가지 조언을 했는데 아이에게 가장 전달하고 싶었던 내용은, 단기간에 돈을 벌겠다는 생각을 접고 평생 투자를 한다는 마음으로 계속 공부하고 경험을 쌓으라는 것이었다. 그래야 마음에 여유가 생기고 시야가 넓어져 장기적으로 성공할 수 있기 때문이다. 그 후 아들은 포트폴리오의 일정 부분을 가격 변동이 크지 않으면서 고배당을 기대할 수 있는 상장 리츠로 바꾸었고 장기 보유할 우량한 종목과 단기로 매매해서 수익을 낼 이슈 종목으로 구분하여 주식 투자를 하게 되었다. 그 결과 현재는 조언을 구하기 전보다 훨씬 좋은 계좌 상태를 유지하고 있다.

요즘 부동산이나 주식이 최고점을 찍다 보니 특히 2030세대의 마음이 급해졌다. 이러다가 영영 내 집 한 채 마련하지 못할 것 같다는 생각에 적극적으로 투자에 뛰어들고 있다. 하지만 단기간에 많은 돈을 버는 사람은 운 좋은 극소수를 제외하고는 없다.

장기적인 관점에서 평생 투자를 한다는 마음으로 접근해야 성공적인 투자를 할 수 있다는 점을 반드시 기억하기 바란다.

주식 사기 전, 재무제표 확인은 기본

건강을 확인할 때 겉으로 드러난 모습만으로는 판단하기 어렵다. 외견상 건강해 보이던 사람도 갑자기 암 판정을 받거나 뇌혈관 질환으로 쓰러지기도 한다. 최소한 건강 검진을 받아야 한 사람의 건강 상태를 객관적으로 파악할 수 있듯이 투자하려는 기업이 건강한지 그렇지 않은지를 확인하기 위해서는 매출, 영업이익, 부채 등 주요한 재무지표가 정확하게 공시돼 있는 재무제표를 확인해봐야 한다.

재무제표에는 해당 기업의 경영 상태나 성장 가능성이 담겨 있다. 따라서 주식 투자를 할 때는 재무제표를 통해 지난 3년 동안 매출은 증가하고 있는지, 영업이익이나 순이익이 계속 증가하고 있는지, 부채는 적정 수준을 유지하고 있는지 등을 확인한다. 특히 가격이 싸고 등락폭이 큰 코스닥(IT나 바이오, 엔터테인먼트, 게임 등 벤처기업의 자금조달을 목적으로 개설된 주식시장)에 상장된 기업에 투자할 때는 재무제표 파악이 필수다.

PER(주가수익비율)이나 PBR(주가순자산비율)같이 주가가 현재 고평가 또는 저평가 상태인지를 참고할 수 있는 주요 지표도 확인한다. 현금DPS(주당 배당금)나 현금 배당 성향 등을 통해 배당금을 잘 주는지 여부도 확인해서 투자해도 좋은 회사인

> ## 주식 투자 전 반드시 알아야 할 필수 재무제표 용어
>
> **PER(주가수익비율):** 현재 수준으로 수익을 얻으면 몇 년 안에 투자금을 회수할 수 있는지 알려주는 지표. 높을수록 고평가, 낮을수록 저평가된 기업이다.
>
> **PBR(주가순자산비율):** 기업 장부상 청산가치와 현재 주가의 비율로, 회사를 팔면 투자금을 얼마나 받을 수 있을지 알려주는 지표. 높을수록 고평가, 낮을수록 대체로 저평가된 기업이다. P(price, 가격)가 붙어 있는 지수는 대체로 낮을수록 좋다고 생각하면 좋다.
>
> **EPS(주당순이익):** 기업의 당기순이익을 주식 수로 나눈 값으로, 높을수록 돈을 잘 버는 회사로 본다.
>
> **ROE(자기자본이익률):** 투입한 자기자본이 얼마만큼의 이익을 냈는지 나타내는 지표로, 높을수록 운영을 잘하고 있다고 본다.

지 아닌지를 판단한다. 시간 여유가 있다면 금융감독원이 운영하는 다트전자공시(dart.fss.or.kr)에서 해당 기업을 조회해 더 자세한 내용을 파악하고 최근 기사, SNS의 최신 정보를 분석해 종합적으로 살펴보는 것도 필요하다.

　이런 자료는 인터넷 포털 사이트에서도 쉽게 확인할 수 있다. 네이버의 경우 종목을 검색하면 재무제표를 비롯해 투자할 때 참고할 수 있는 각종 주요 지표를 보여준다. 최소한 이런 자료를 보는 방법과 그 자료를 해석할 수 있는 능력은 갖춰야 주

식 투자로 성공할 가능성이 높아진다.

골든크로스일 때 주식 사자

고객들이 기업 정보 다음으로 많이 묻는 것이 주식 매수 시점이다. 즉 지금 A기업의 주식을 사도 되냐는 질문이다. 주식 투자로 돈을 벌려면 주가가 쌀 때 사서 비쌀 때 팔면 된다. 원리는 간단하다. 그렇지만 그 쌀 때와 비쌀 때가 언제인지를 정확히 모르기 때문에 '무릎에 사서 어깨에 팔라'는 증시 격언이 있는 것이다.

매수 시점을 파악하려면 가장 기본적인 차트인 봉차트로 기업의 주가 흐름을 확인하자. 차티스트는 아니지만 많은 사람들이 차트에 근거해 매수와 매도를 하기 때문에 주식 투자를 하려면 기본적인 차트는 볼 수 있어야 한다. 모든 차트를 다 공부할 필요는 없지만 가장 기본적인 봉차트부터 이해하고 더 필요하면 폭을 넓혀가면 된다.

일례로 봉차트를 보면 수많은 캔들(봉의 형태가 양초처럼 보인다고 해서 캔들차트라고 함) 사이로 여러 색의 선들이 지나가는 것을 볼 수 있다. 이 선을 이동평균선이라고 한다.

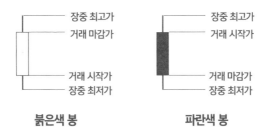

장중 최고가	장중 최고가
거래 마감가	거래 시작가
거래 시작가	거래 마감가
장중 최저가	장중 최저가
붉은색 봉	**파란색 봉**

이동평균선은 주가의 흐름을 읽는 데 사용하는데 보통 5일, 20일, 60일, 120일, 240일 이동평균선을 참고한다. 5일 이동 평균선은 5일간 주가의 평균값이다. 20일 이동평균선은 한 달, 60일 이동평균선은 분기, 120일 이동평균선은 반년, 240일 이 동평균선은 1년간 주가의 평균값이다. 5일 이동평균선과 20일 이동평균선은 단기 매매할 때 참고하고 60일 이상 이동평균선 은 중, 장기 매매를 할 때 참고한다.

단기 이동평균선이 중, 장기 이동평균선 아래에 있다가 위로 올라설 때, 예를 들면 5일 이동평균선이 20일 이동평균선 아래 있다가 20일 이동평균선 위로 상향 돌파할 때를 '골든크로스'라 고 한다. 이때는 앞으로 계속 주가가 올라갈 가능성이 높다는 신호가 된다. 반대의 경우는 '데드크로스'라고 하는데 이때는 주가가 내려갈 가능성이 높다는 신호이다.

만약 골든크로스나 데드크로스 시점에서 고객이 내게 해당

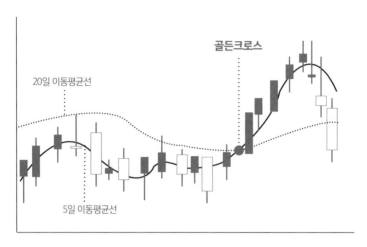

단기 이동평균선이 중장기 이동평균선을 아래에서 위로 돌파해 강세장으로 전환됨을 나타내는 신호인 골든크로스.

회사의 주식을 사도 괜찮겠냐고 물으면 골든크로스 시점에서는 사도 괜찮다는 조언을 하고 데드크로스 시점에서 물으면 좀 더 기다렸다가 반전이 되는 것을 확인한 뒤 사는 것이 좋다고 조언한다.

그 외에도 차트로 거래량의 흐름 등 투자에 필요한 다양한 정보를 얻을 수 있기 때문에 기본적인 차트는 이해하여 투자에 활용할 수 있길 바란다.

경제 신문 정독하기

앞에서 강조한 내용이 미시적인 투자 공부라면 날마다 경제 신문을 읽는 것은 거시적인 투자 공부가 될 수 있다. 나도 아침에 출근하면 경제 신문부터 정독하는 게 오래된 습관이다. 경제 기사는 가능하면 포털이 편집한 관심 기사를 읽기보다 종이 신문 읽는 것을 추천한다. 종이 신문을 매일 읽으면 자연스럽게 국내외 경제 동향을 알 수 있고, 산업과 기업의 추세와 새로운 움직임을 파악할 수 있기 때문이다.

최근 경제 신문에서 비중 있게 다루는 주제는 기후변화와 전기차, 2차전지, AI, 메타버스, ESG(Environmental, Social and Governance: 환경, 사회, 지배구조) 등이다. 이런 기사들을 통해 요즘 주목받는 산업이나 기업에 대해 이해할 수 있고, 앞으로 정부의 투자 방향이나 기업의 경영 기준을 확인할 수 있다.

그렇다고 신문 기사가 어떤 주식을 사고, 언제 팔아야 할지 알려주는 것은 아니다. 더구나 '소문에 사서 뉴스'에 팔라는 증시 격언이 있듯이 수주나 영업실적 등 기업의 호재 기사를 보고 주식을 사면 이미 늦은 것이 된다. 그럼에도 경제 신문을 읽어야 하는 이유는 지금 당장이 아니라 가까운 미래에 주식을 매수, 매도하는 소스로서 의미가 있기 때문이다.

대부분의 조간신문은 어제 일을 다룬다. 특히 속보로 나왔던 기사 중에 가치가 있거나 심층 취재를 통해 정확도를 높인 사실들을 담는다. 따라서 경제 신문에서 심도 있게 다룬 기사들을 위주로 매일 읽다 보면 경제나 산업 그리고 기업에 대해 더 깊이 있는 정보를 얻을 수 있을 것이다.

코스피와 코스닥 시장에 상장된 많은 기업을 모두 검토해 투자할 기업을 고르기는 어렵다. 나는 경제 신문을 읽다가 좋은 기업을 발견하면 리스트업해두었다가 시간이 날 때 재무제표, 차트, 기업공시, 뉴스 등을 확인해 투자 여부를 결정한다. 이렇게 하면 다른 사람에게 좋은 주식을 추천해달라고 사정하지 않아도 자연스럽게 투자할 만한 좋은 기업을 스스로의 힘으로 고를 수 있다.

데이트레이딩의 유혹에 빠지지 마라

주식 투자와 관련한 나의 부끄러운 경험을 고백해야겠다. 주식 투자를 하던 아들이 군에 입대했을 때였다. 아들은 부대 생활에 적응하기까지 한동안 주식에서 손을 뗐다가 자대 생활에 적응하면서 다시 관심을 갖기 시작했고 자유 시간에 틈틈이 공부했다고 한다. 하지만 일과를 모두 마친 후에야 휴대폰을 쓸 수 있었기 때문에 장중에 주식 거래를 할 수가 없어 고민하다가 나에게 도움을 청했고 아들 계좌를 내가 관리하면서 아들의 운용 지시에 따라 주식 거래를 대행하기 시작했다.

그러던 어느 날 주식 시장에 큰 조정이 올지도 모른다는 느낌이 들었다. 그래서 아들과 협의 없이 주식시장이 떨어질 때를 대비해 헤지(위험 분산) 목적으로 KODEX 200선물인버스 2X(곱버스) ETF를 대량 매수했다(인버스는 증시 하락장에서 수익을 얻는 상품). 주식 시장에 조정이 와 주가지수가 떨어지더라도 손실을 줄일 수 있겠다는 판단이었다. 다음 날, 계좌를 확인한 아들이 놀라서 연락을 했고 나는 아빠만 믿으라며 큰소리를 쳤다. 하지만 기대와는 다르게 조정 없이 주가 지수는 계속 상승했고, 그 뒤로 하루 이틀 정도 주가가 하락하나 싶더니 그것도 잠시, 주가는 계속 상승하여 결국 큰 손해를 보고 곱버스 ETF를 매도해야 했다.

더 큰 문제는 거기서부터 시작되었다. 코로나19 확산으로 상담이나 강연이 줄어 시간적 여유가 생기자 손해를 만회하기 위해 데이트레이딩을 하게 된 것이다. 주식 개장 시간에 곱버스와 레버리지를 번갈아 사고파는 것을 반복하여 어느 날은 20~30만 원을 벌었고 어느 날은 그만큼의 손해도 봤다. 어느 날은 수익보다 사고팔 때 발생하는 수수료가 더 많이 들 때도 있었다. 전문적으로 공부도 했고 트레이딩에는 나름 자신이 있다고 생각했는데 착각이었다.

두 달 정도 매일 아침 9시부터 오후 3시 20분까지 ETF를 사고팔다가 문득 '내가 지금 뭐 하고 있는 거지?'라는 생각이 들었다. 이건 투자가 아니라 투자를 가장한 도박이었다. 생산적인 일상이 아니라 일상의 파괴였다. 수익을 많이 내 아들에게 도움을 주려고 했는데 설사 수익이 나더라도 아들에게 독이 될 뿐이었다. 순간 스스로가 한심했고 더 이상 트레이딩을 지속하면 생활이 망가지겠다는 생각이 들어 중단했다. 그 이후 다시 일상을 찾았다.

공부하는 투자, 건강한 투자 그리고 기본과 원칙을 지키면서 투자해야 한다는 것을 강조하는 사람으로서 이런 부끄러운 고백을 하는 이유가 있다. 전업 투자자가 아니라면 절대 데이트레이딩을 해서는 안 된다는 점을 강조하고 싶어서다.

직장인이든 프리랜서든 가장 중요한 것은 본업이다. 본업에 충실해야 투자도 빛을 발한다. 설사 투자에서 한순간 손해를 보더라도 수익이 날 때까지 기다릴 수 있는 힘은 본업에서 나온다.

단타 매매를 반복하다 보면 일에 소홀해질 수밖에 없다. 일을 하는 와중에도 계속 신경은 주식 시장에 가 있어 일에 집중하기 어려워진다. 내가 아는 어떤 사람은 데이트레이딩에 소질이 있다고 생각하고 직장을 나와 전업투자를 하다가 일과 돈을 모두 잃었다. 다시 취업을 하고 나서야 투자도 다시 살아났다. 사고파는 것을 자주 반복할 때보다 사놓고 오랫동안 보유할 때 수익이 더 컸다는 것을 기억하자. 데이트레이딩의 유혹에 빠져 운 좋게 돈을 벌었다고 해도 잃는 게 더 많을 수 있다.

| 펀드·ETF·주식 | # 예금·적금만 해서는 안 될 것 같아요.

고백하자면 코인 광풍이 불 때 나도 코인에 투자했다가 꽤 큰돈을 잃은 적이 있다. 오를 때는 돈을 더 붓고 떨어질 때는 잠도 못 자서 반폐인이 되었다. 새벽 내내 휴대폰만 쳐다보며 매도 타이밍을 보느라 지각이 잦아져 회사에서 잘릴 뻔했다. 돈을 잃고 깨달았다. 나는 매초마다 오르내리는 차트에 신경 쓸 능력도 없고 여건도 안 된다는 것을. 차라리 아무것도 안 하는 것이 돈을 지키는 일이었다고. 하지만 지금 같은 초저금리에 예금·적금만 해서 어떻게 돈을 불리겠는가? 예금·적금만 하는 것은 내키지 않고 돈은 불려야겠기에 먼저 펀드 공부를 했다. 부족한 부분은 이 선생님의 도움을 받아 펀드 투자를 시작해야겠다.

이 선생님, 펀드는 어떻게 가입하는 것이 좋을까요?

이 선생님의 재테크 과외

1 | 아직 결혼하기까지 시간이 남았기 때문에 저축액 중 일부는 수익률을 관리하며 공격적으로 투자하는 것이 좋습니다. 요즘 주식시장 상황으로는 목표 수익률을 연 8% 정도 올리겠다고 마음먹으면 충분합니다. 물론 더 높은 수익률을 올릴 수도 있는데 그건 덤이라고 생각하세요.

166

적립식 펀드는 분산 투자 차원에서 국내 펀드와 해외 펀드의 비율을 정하세요. 국내 펀드와 해외 펀드의 비율은 1:2 정도로 잡는 게 적당합니다. 20만 원은 국내 펀드에, 40만 원은 해외 펀드에 투자하길 권합니다.

국내 펀드도 2개 정도로 나누어 대형 성장주 펀드에 10만 원, 중소형 펀드에 10만 원씩 분산 투자하세요. 위험은 무조건 회피하는 게 아니라 관리하면서 수익률을 높이는 게 관건입니다.

2 | 주가가 오를 때는 기분 좋아서 추가로 불입하고, 떨어질 때는 두렵다고 납입을 중단하지 마세요. 하락할 때 인내심을 가지고 납입을 멈추지 않는 사람만이 투자에서 열리는 열매를 딸 수 있습니다.

3 | 주식을 시작한다면 여윳돈으로 해야 합니다. ETF와 코스피 우량주 중심으로 오래 보유할 종목 위주로 적금 넣듯 주식을 모아보세요. 주식을 제대로 하려면 하루하루 공부할 뉴스들이 넘쳐납니다. 적어도 주식 관련 도서 3권은 읽고 차트 보는 눈도 키운 후 시작하길 권합니다.

4 | 마지막으로 원하는 수익만큼 손해도 볼 수 있다는 점, 잊지 마세요. 세상에는 원금도 보장되고 수익도 높은 투자 방법은 없습니다. 주변에서 그런 방법이 있다고 말하면 사기라고 생각하세요.

....

펀드는 은행이나 증권사 모두 판매하고 있었다. 은행이든 증권사든 어디서 가입하든 차이가 없겠지만 증권사가 더 전문적일 것 같아 매일증권에서 펀드를 가입했다. 월급통장에서 바로 빠져나갈 수 있도록 자동이체를 신청했다. 통장은 일반 수시입출금통장과 똑같이 생겼지만 금액은 좌수라는 개념으로 표기된다고 한다.

인터넷에서 펀드 수익률을 확인한 후 삼성, 현대, 네이버, 카카오 등의 국내 인기 기업을 보유한 종목 2개, 글로벌 펀드와 아시아 펀드, 중국 본토 펀드를 각각 1개씩 가입했다. 통장이 6개나 더 늘어났다. 나중에 헷갈리지 않도록 통장 앞에 이름을 적어 두었다. 지금은 주가에 신경 쓰지 말고 납입만 열심히 하라고 이 선생님이 강조했다. 몇 년 지나면 내 펀드에 수익이 붙을 거라고 생각하니 기분이 좋다.

이자는 밤에도 일한다
대출 관리·
마이너스 통장

이번 편에서는 돈을 모으고 불리는 통장 활용법 소개가 아닌, 잘 사용하면 자산이 되지만 그렇지 않으면 삶을 휘청이게 만드는 대출에 관해 자세히 다룬다. 빚을 줄이고 효과적으로 관리하는 방법에 대해서도 알아보고자 한다.

대출, 피할 수 없다면 제대로 관리하라

최근 '영혼까지 끌어모아 대출을 받는다'는 의미의 '영끌'이라는 신조어가 유행일 만큼 많은 사람이 대출을 이용하고 있다. 대출 없는 사람을 찾는 것이 오히려 어려울 정도다.

예전에는 대출을 받는 사람이 드물었다. 외상이나 빚을 금기 시하기도 했고, 은행 대출은 사업하는 사람들이나 하는 특별한 일로 여겼기 때문이다. 대출 문턱도 높아 은행원들은 특권 계층처럼 굴었고 대출을 받으려면 그들 앞에서 마음에도 없는 미소를 지어야 했다.

1997년, IMF가 터지면서 상황은 돌변했다. 기업들에게 큰 돈을 빌려줬다가 돌려받지 못한 여러 시중 은행들이 문을 닫게 된 것이다. 은행도 망할 수 있다는 사실을 국민 모두가 알게 된 최초의 경험이나 다름없었다. 이때부터 은행들은 기업 대신, 돈을 떼일 위험이 적은 개인에게 적극적으로 돈을 빌려주기 시작했다. 대출 심사를 까다롭게 하면서 위세를 떨치던 은행원들은 어떻게 하면 대출을 더 늘릴 수 있을까 고심하기 시작했고 대출 실적이 행원들의 인사고과에 반영되면서 가계 부채는 점점 가파르게 늘어났다.

최근에는 대책 없이 뛰어오르는 집값에 비례해 가계 부채가 덩달아 치솟았다. 2년마다 돌아오는 전·월세 재계약 때마다 큰 폭으로 오르는 전세금과 보증금은 저축만으로 도저히 감당할 수 없게 되었다. 맞벌이하며 빠듯하게 저축해봤자 몇 년 동안 몇천만 원을 넘기 힘든데 아무 일도 하지 않는 콘크리트 집은 그사이 몇억씩 몸값을 불리고 있는 것이다. 그렇다고 지금의 생활 터전을 버리고 쫓기듯이 변두리로 밀려 나갈 수도 없는 노릇이니 대출을 받을 수밖에 없다.

이제 빚은 한국인의 삶에서 떼어 놓을 수 없게 되었다. 열심히 일해서 저축한 돈만으로는 평균적인 삶도 살기 힘든 세상이다. 평균적인 삶을 위해 치러야 할 비용이 너무 크다. 그래서 많은 사람이 원하든 원치 않든 시쳇말로 빚쟁이가 되었고, 빚쟁이가 될 예정이다. 결혼이나 출산을 준비 중이라면 더욱 그럴 것이다.

빚은 안 지는 게 최선이지만 어차피 우리 삶에서 떼어 낼 수 없는 부분이라면 현명하게 활용하고 관리하는 것이 중요하다. 대출에 대한 작은 지식이 큰 자산 차이로 이어지기 때문이다.

미래를 낙관하면서 사는 우리들

25년 넘게 각계각층의 사람들을 만나 재무 설계를 하다 보니 리스크 관리가 안 돼 어려움을 겪는 사람들의 공통점을 찾을 수 있었다. 미래를 너무 낙관적으로 생각한다는 것이다.

　부동산 가격이 폭등하기 전에 상담을 받은 지웅, 현아 씨 커플도 마찬가지였다. 이 둘이 신혼집을 위해 준비한 돈은 2억 5,000만 원 정도였는데 당시 점찍어둔 아파트의 전세가가 4억 원이었다. 대단지에 브랜드 아파트라 마음에 쏙 들었다고 했다. 전세 계약을 하려면 이들은 1억 5,000만 원을 대출받아야 했다. 상담 당시 이미 대출받을 생각을 굳히고 있었기에 더 좋은 조건으로 대출받는 방법을 찾아보고 있었다. 나는 결혼 예정이거나 결혼한 지 얼마 안 된 부부들이 저지르기 쉬운 실수를 알려주고자 다음과 같은 질문을 했다.

　첫째, 초저금리 시대이기에 가능한 낮은 금리로 대출을 받았는데 만약 대출 금리가 오르면 어떻게 대처하겠는가?

173

당시 이들이 받을 수 있는 대출의 금리는 연 3.2% 정도였다. 전세금이 높아 낮은 금리로 받을 수 있는 버팀목전세자금대출 자격에서도 벗어났다. 연간 내는 이자만 480만 원으로, 매달 약 40만 원 정도다. 이 상태에서 만약 금리가 1%만 올라도 연간 150만 원, 매달 12만 원 이상을 더 내야 한다. 원금을 갚는 것이 아니라 이자만 내는 데 말이다. 이 질문에 지웅 씨는 둘 다 번듯한 대기업에 다니고 있고 결혼 후에도 맞벌이를 할 예정이어서 그 정도는 감당할 수 있다고 대답했다.

둘째, 결혼해서 아이가 생기면 어떻게 할 것인가?

결혼을 하면 통상적으로 아이 한둘은 낳는다. 아이가 생기면 육아 휴직을 하게 될 것이고 그 기간 동안 한쪽의 수입은 줄거나 없어진다. 맞벌이를 하면서 1년에 이자만 480만 원을 갚는 것도 쉽지 않은 일인데 수입이 대폭 줄거나 외벌이로 전환되면 이자 부담은 더 커질 수밖에 없다.

대출이자로 가계에 치명타를 맞는 경우는 여러 번 있었다. 2008년 9월 글로벌 금융 위기 전, 대출 중에 이자가 가장 저렴하고 신용이 좋은 사람들에게 주는 주택담보대출의 연금리는 8~9%나 되었다. 현재의 대출이자와 비교하면 세 배 이상 차이가 난다. 그때처럼 대출금리가 급하게 치솟을 확률은 높지 않겠지만 비슷한 상황이 올 때 위기를 이겨낼 수 있는지 심각하게 자문해보고 대출금액을 정해야 한다. 지웅, 현아 씨 커플은 내 이야기를 심각하게 받아들이지 않았다. 대출을 꼭 받아야겠다고 마음먹은 이상 이것저것 깊게 생각하기보다 더 낮은 금리의 대출을 찾는 것에만 관심을 기울일 뿐이었다.

무리한 대출, 잔물결에 배가 뒤집어진다

예상했던 문제는 몇 년 후 일어났다. 그사이에 결혼을 해서 아이를 낳은 지웅, 현아 씨 부부는 주말에 아이를 안고 다시 나를 찾아왔다. 다시 보니 무척 반가웠지만 느낌은 좋지 않았다. 이야기를 들어보니 당시 대출받은 1억 5,000만 원의 원금은 갚아 나가지도 못한 채 근근이 대출 이자를 내고 남는 돈으로 아껴가며 생활하고 있다고 했다. 현아 씨가 출산과 육아 문제로 회사를 그만둘 수밖에 없게 되자 가계 소득이 절반 이상 줄어들었기 때문이었다.

현아 씨는 임신으로 심한 입덧과 임신성 질환을 얻어 휴직을 하다 출산 후 결국 직장을 그만두었다. 구조조정이 잦고 최소 인원으로만 운영되던 팀에 속했던 터라 육아 휴직은 말도 꺼내지 못한 채 퇴사를 한 것이다. 양가에 아이를 봐줄 어른도 없어서 아이를 어린이집에 보내기 전까지는 아내 혼자 육아를 해야 했다. 아내의 월급이 남편보다 많았기에 가계는 더 큰 타격을 입었고 결국 저축은커녕 대출 상환도 하지 못했다.

더 큰 문제는 4년 후, 전세 계약 만료일이 다가오면서 불거졌다. 집주인이 전세금 1억 원을 올려달라고 통보한 것이다. 부부에게는 전세금을 올려주거나 다른 집을 알아보는 두 가지 선택지밖에 없다. 하지만 아이를 낳은 부부가 4년 동안 1억 원이 넘는 돈을 모으는 것은 정말 쉽지 않다. 게다가 아내의 퇴직으로 소득도 줄어든 상태 아닌가. 부족한 금액만큼 대출을 받아볼까 고민하기도 했지만 이미 대출이 많아 추가 대출이 어렵고 대출을 받는다고 해도 늘어난 이자 부담을 감당하기도 힘들었다.

이 상태에서 부부에게 제안할 수 있는 대안은 별로 없다. 대출 금액을 줄여 이사하거나 주택청약종합저축 통장을 이용해 공공임대주택처럼 주거비용을 낮출 수 있는 주택에 청약해보라는 정도다. 청약은 당장 발등에 불이 떨어진 이들에게 현실적인 대안이 아니었다. 부부는 결국 경기도로 이사 가는 것을 선택했다.

이런 일은 지웅 씨 부부에게만 일어나는 일이 아니다. 최근 많은 젊은 부부가 비슷한 문제로 어려움을 겪는다. 자산이나 월 소득에 비해 무리하게 대출을 받기 때문이다. 지웅 씨 부부와 같은 어려움을 겪고 싶지 않다면 미래를 너무 낙관하지 말고 위험 요소를 예상하여 대비책을 세워 놓아야 한다. 특히 재무 문제는 더욱 냉정하게 바라봐야 한다.

전세 자금 대출받을 때 꼭 염두에 두어야 할 것

전세 계약은 2년마다 재계약을 한다. 그리고 그때마다 전세금이 오를 수 있다. 2021년 6월 시행된 임대차 3법에 따라 계약을 2년 연장할 수 있고 계약 갱신 시 임대료 상한률이 5% 이내로 제한되지만 연장을 못 하는 경우도 있고 연장했더라도 다음 전세 계약 시에는 감당할 수 없을 만큼 전세가가 올라 있을 수도 있다.

따라서 전셋집을 구할 때는 2년 후 또는 4년 후 재계약 시점에 있을 전세금 인상까지 감안하여 적절한 대출 금액을 정하는 것이 중요하다. 전세가가 높으면 재계약 시 같은 인상률이라도 금액은 더 커지니 이 점도 주의하자.

신혼부부 재무 상담을 할 때는 주로 작은 집부터 시작해 살림 늘려가는 재미를 느껴보라고 권한다. 평일에는 서로 바빠 집에 머무는 시간도 적고 주말이면 데이트를 즐기는 신혼 시절에 군이 위험할 정도로 대출을 받아 전셋집을 구할 필요가 있을까?

얼마 전까지 부동산 상승장에서 운 좋게 집을 마련해 집값이 오른 사람들은 오늘 집값이 제일 싸다며 지인들에게 영끌해서 집을 사라고 권하기도 했다. 하지만 영원히 오를 것 같던 집값이 꼭지에 있을 때 영끌해서 집을 마련한 후 금리가 오르거나 부동산 경기가 하락세를 타면 그 대가는 오직 자신이 치러야 한다.

집값이 몇 억이 오르든 간에 집을 팔지 않는 이상 기분만 좋을 뿐, 매달 갚아나가야 하는 원금과 이자는 똑같다. 주식이든 부동산이든 앞으로 계속 오를지, 얼마나 오를지 예측하는 것은 쉽지 않다. 나의 재무 상황에 맞춰 감당 가능한 리스크를 안고 내 집 마련을 계획하는 방법밖에 없다.

남들 사는 형편에 맞춰 살지 말고 두 사람 형편에 맞춰 결혼 생활을 시작하는 것이 바람직하다. 그래야 시기마다 가계에 들이닥치는 리스크를 현명하게 극복할 수 있다. 이 이야기는 꼭 신혼부부에게만 한정된 이야기가 아니라 전·월세를 사는 모든 사람들이 짚어봐야 할 내용이다.

매년 대출 금액의 10%는 상환하라

지금은 전세에 살아도 가까운 시일에 내 집 마련 계획이 있다면 대출을 받을 때 원금 상환 계획도 함께 세워 갚아나가야한다. 그러나 대부분은 원금을 갚을 생각보다 이자 상환에만신경 쓴다. 전세금 대출을 받았다면 처음부터 원금을 갚아나가야 내 집 마련의 꿈을 빨리 이룰 수 있다. 2년 동안 대출금을 내돈으로 만들어 이사하는 것을 목표로 삼아야 한다.

대출 받는 것도 능력이라는 사람도 있다. 대출을 많이 받을수 있다는 걸 능력인양 자랑처럼 떠벌리는 경우도 봤다. 하지만 평범한 사람들이 실제로 영끌해서 4~5억씩 대출을 받고 매달 원금과 이자를 200만 원 넘게 갚아가며 허리가 휘는 이야기는 우리 귀에 잘 들리지 않는다. 집값이 천정부지로 올라서 기분이 좋더라도 다주택자가 아닌 이상 팔고 다른 곳으로 이사가야 내 손에 쥐어지는 돈이다.

종류를 막론하고 대출을 받았다면 매년 원금의 10% 정도는상환하겠다는 계획을 세우자. 애초에 이자와 원금 10%는 상환할 수 있는 범위 내에서 대출을 받는 것도 바람직하다. 빚도 자산이라고 하지만 빚을 다 갚아야 그 돈이 온전히 내 것이 된다.그 후에 더 욕심을 부리지 않는다면 대출의 압박에서 벗어나 경제적으로 자유로워질 수 있다.

대출, 이자가 관건이다

이자로 새는 비용을 한 푼이라도 줄이려면 발품을 팔더라도 은행 간 비교를 통해 연 0.1%라도 낮은 금리를 적용받기 위해 애써야 한다.

은행의 주택담보대출 금리는 주로 코픽스(COFIX, 자금조달비용지수)와 가산금리에 의해 결정된다. 코픽스는, 8개 시중 은행의 자금조달비용을 반영하여 산출하는 주택담보대출 기준금리를 말한다. 코픽스는 은행마다 차이가 없지만 가산금리는 대출자의 신용도나 은행의 형편, 정책에 따라 큰 차이가 난다.

전국은행연합회의 자료(2021년 5월 대출 기준)에 따르면, 8개 시중 은행의 가산금리(신용등급 3~4등급 기준)는 한국씨티은행이 1.40%로 제일 낮았고 하나은행이 3.56%로 가장 높았다. 가산금리만 놓고 보면 두 은행의 금리 차이는 2.16%p이다. 하지만 대출 금리는 기준금리에 가산금리를 더한 뒤 가감조정금리를 뺀 수치이므로 한국씨티은행은 2.85%, 하나은행은 3.13%로 0.28%p의 차이가 난다. 1억 원을 대출받으면 일 년에 이자

차액만 28만 원으로 결코 적은 금액이 아니다.

　은행의 가산금리 적용은 시점마다 차이가 있으므로 대출받는 시점에서 꼭 비교해봐야 한다. 신용점수에 따라 은행마다 가산금리 적용이 더 유리하거나 불리할 수 있다. 자신의 신용점수를 확인해보고 금리가 더 유리한 은행을 이용하는 것은 기본 중의 기본이다.

변동금리로 받을까? 고정금리로 받을까?

　변동금리는 대출 기간 동안 실세금리와 연동하여 대출금리가 계속 변하는 금리를 말하고, 고정금리는 대출 기간 동안 동일한 금리가 적용되는 것을 말한다.

　변동금리가 금리 변동에 따른 위험을 소비자가 지는 것이라면 고정금리는 금리가 변동하는 위험을 금융회사가 부담한다. 이런 차이가 있어 고정금리 대출의 이자율이 변동금리 대출보다 약 0.5% 정도 높은 편이다.

　그렇다면 대출을 받을 때 고정금리가 유리할까 아니면 변동금리가 유리할까?

　장기적으로 금리가 상승할 것으로 예상되면 고정금리 대출을, 장기적으로 금리가 하락할 것으로 예상되면 변동금리 대출을 선택하면 큰 무리가 없다. 이와 함께 미국이 금리를 올릴 때 우리나라도 금리를 올릴 것인가를 살펴보면 선택이 쉬워진다.

만약 당신이 외국인 투자자이고, 미국과 한국에 투자한 돈에 같은 금리가 주어진다면 미국에 돈을 맡기는 게 정상적인 투자다. 달러는 원화보다 값어치가 높기 때문이다. 그래서 한국은 미국보다 금리가 높아야 한다. 그렇지 않으면 우리나라에 들어와 있는 외국 자본이 빠져나가 미국으로 향하게 된다. 결국 미국이 금리를 올리면 우리나라도 금리를 올릴 수밖에 없다. 미국이 기준금리를 올리면 우리나라도 기준금리를 올려야 하고 결국은 대출 금리도 올라간다.

따라서 미국이 지속적으로 금리를 올릴 것으로 예측되면 변동금리보다는 고정금리 대출을 선택하는 것이 유리하다. 이미 변동금리 대출을 받은 사람이라면 미국이 금리 인상을 하는 시점과 그에 따른 경제적인 파급 효과를 봐가며 고정금리로 갈아탈 채비를 하는 게 좋다.

은행은 왜 원리금균등상환을 권할까?

원금과 이자를 합해서 대출기간 동안 매월 같은 금액으로 상환하는 방식을 '원리금균등상환'이라고 한다. '원금균등상환'은 원금은 동일하게 상환하고 이자는 매월 상환된 원금을 제하여 산출하기 때문에 초기 부담은 있지만 매달 원리금이 줄어드는 상환 방식을 말한다.

대출받을 때 상환 조건을 원금균등상환으로 안내받은 소비자는 많지 않다. 은행은 대부분 대출 안내를 할 때 원리금균등 조건을 먼저 제시한다. 소비자도 초기 부담이 큰 원금균등상환 조건보다 매월 일정한 원리금을 상환하는 원리금균등상환조건을 선호하는 경향이 있다.

하지만 대출 기간 동안 은행에 납입해야 하는 대출이자의 총합을 비교해보면 원리금균등상환 방식을 선택하기는 어려울 것이다. 1억 원을 연 4%로 대출받아 주택을 구입할 때 원리금균등상환 방식과 원금균등상환 방식의 이자 차이를 비교해보자.

은행 입장에서는 원리금균등상환이 오랫동안 빌려주고 안정적으로 이자를 받을 수 있다는 장점이 있다. 소비자는 어떨까? 원금균등상환 방식은 초기에 상환해야 하는 원리금 비중이 높아 원리금 상환에 대한 부담이 크고 자칫 현금 흐름에 문제가 생길 때 연체할 가능성도 있다. 다음 표는 각각 연 4% 이자율로 1억 원을 빌려 20년 동안 원리금균등상환 방식과 원금균등상환 방식으로 갚아나갈 때 매달 부담해야 하는 원리금, 즉 원금과 이자를 보여준다.

원리금균등상환 방식으로 대출을 갚을 때 (단위: 원)

납입 횟수	대출 잔액	월 상환 원금(a)	월 상환 이자(b)	월 원리금 합계 (a+b)	납입이자 총액
1회	99,727,353	272,647	333,333	605,980	
...					
120회	59,852,833	405,120	200,860	605,980	
...					
240회	0	604,089	2,014	606,103	45,435,323

원리금균등상환 방식 표를 보면 1회차에 상환 원금은 적고 상환 이자는 높다. 원금균등상환 방식은 20년 동안 매달 상환해야 하는 원금은 같지만(416,667원) 이자는 점점 낮아진다. 매월 상환해야 하는 원리금 합계는 1회차에서 원금균등상환 방식이 144,020원 많지만 10년 후에는 21,258원이 적고 마지막 240회차에서는 188,027원이 적다.

대출 초기에 현금 흐름에 문제가 없다면 시간이 경과할수록 매월 원리금 합계액이 줄어드는 원금균등상환 방식으로 대출을 받는 것이 좋다. 10년 후에 목돈이 생겨 빚을 다 상환할 때도 원금균등 조건으로 상환했다면 49,999,960원만 갚으면 되지만 원리금균등으로 상환했다면 약 1,000만 원 더 많은 59,852,833원을 상환해야 한다.

원금균등상환 방식으로 대출을 갚을 때

(단위: 원)

납입 횟수	대출 잔액	월 상환 원금(a)	월 상환 이자(b)	월 원리금 합계 (a+b)	납입이자 총액
1회	99,583,333	416,667	333,333	750,000	
		…			
120회	49,999,960	416,667	168,055	584,722	
		…			
240회	0	416,687*	1,389	418,076	40,166,636

* 240회차 원금이 이전 달보다 20원 높은 것은 끝전을 맞추기 위해서다.

결론적으로 말하면 대출상환 조건을 원금균등상환 조건으로 선택하는 것이 비용면에서 유리하다. 대출금부터 정해 놓고 상환을 고민하지 말고 매월 상환해야 하는 원금과 이자의 합에 맞춰 대출금액을 결정하는 것이 먼저다.

여기저기에서 대출 받으라고 부추기는 이유

대학교 등에서 재무 강의를 들은 20대들이 재무 상담을 받으러 오면 놀랄 때가 많았다. 젊은 청년들이 대부업체 대출을 받은 경우가 꽤 있었기 때문이다. 더욱 안타까운 것은 그들이 사치를 부리거나 돈을 흥청망청 썼기 때문이 아니라는 점이다. 급하게 돈이 필요해서, 등록금을 내기 위해서, 취업을 위한 학원비가 필요해서, 갑자기 사고가 나서 돈이 필요한데 은행 대출 방법을 모르거나 신용이 안 돼 TV에 나오는 광고를 보고 대부업체를 이용하게 된다는 것이다.

아르바이트에 학원에 여러 가지로 바쁘다 보니 금융지식을 공부할 시간도 없고, 주변에 돈 문제를 물어볼 만한 사람도 없었다는 말에 가슴이 아팠다. 이러한 청년과 사회초년생들에게는 저금리 대출 상품인 햇살론유스가 고금리 부담을 덜어줄 것이다(서민금융콜센터 1397번으로 문의).

대부업체에 대해 알아야 할 점은 크게 두 가지다. 대출 금액에 관계없이 대부업체와 한 번이라도 거래했다면 신용점수가 추락해 불이익을 겪게 된다는 것이다. 또 상상할 수 없는 높은 이자를 물거나 연체의 늪에 빠져 위기에 처할 수 있다. 한 번 대부업체를 통해 대출을 받으면 추후 전세자금대출이나 주택담보대출처럼 꼭 필요한 대출을 받지 못해 낭패를 볼 수 있다.

참고로 급할 때 흔히 이용하는 카드 현금서비스나 카드론도 일정 기간, 일정 금액 이상 사용하면 부채의 증가로 보아 신용 점수가 하락한다. 현금서비스나 카드론을 이용하는 사람이 이용하지 않는 사람보다 연체율이 높기 때문이다.

대부업체의 이자율이 얼마나 높은지 시중 은행과 비교해보자. 하나은행의 대출 상품 중 소득이 있는 국민을 대상으로 하는 신용대출 상품인 'BEST신용대출'은 신용등급 1등급 기준으로 1년 만기 기본금리가 4.795%이다. 100만 원을 빌리면 1년에 이자로 47,950원을 내야 한다.

반면에 M사랑 같은 대부업체 금리는 연 19.99% 이내다. 본인의 신용도에 따라 이자율을 차등 적용한다고 명시되어 있지만 대부업체를 이용할 수밖에 없는 사람의 신용임을 감안한다면 연 19.9% 정도의 이자율을 적용받는다. 급한 마음에 100만 원을 대출받으면 1년 이자로 199,000원을 내야 한다. 하나은행과 비교하면 이자가 4.2배나 비싸다.

대출이율 연 1%의 차이가 별것 아닌 것처럼 보이지만 대출 금액과 대출 기간이 늘어날수록 그 차이는 더 커지기 때문에 감당하기 힘든 부담이 되기도 한다. 연 이자율 15.10%p의 차이에 따른 총 이자금액을 비교해보고 아무리 급하더라도 대부업체는 절대 이용하지 말길 바란다. 만일을 대비해서 보험을 가입해 놓거나 비상금을 마련해두자. 그리고 부부간, 가족 간 돈 문제는 자주 터놓고 얘기해서 몰래 돈을 빌려야 하는 상황을 피하도록 하자.

헤어날 수 없는 마이너스 통장의 늪

사법고시장, 의사 국가고시장, 공무원 시험장 등에는 시험이 끝나면 카드 회사에서 나온 사람들이 기다리고 있다. 미래의 고소득자를 겨냥한 신용카드, 마이너스 통장을 파는 영업자들이다. 전문직, 공무원 시험에 갓 합격한 사람 중에는 오랜 수험 생활에 지쳐 돈을 자유롭게 쓰고 싶어 하는 사람이 많아 설득하기가 쉽다고 한다.

또 대기업에 다니는 사람들에게도 특권을 주는 양 마이너스 통장을 개설하라고 권유하기도 한다. 뭘 모르는 회사 선배들은 대기업 다닐 때 마이너스 통장을 개설해 놓으라는 충고(?)도 해준다. 급전이 필요할 때 번거롭게 대출을 받기보다 내 통장에서 돈을 꺼내 쓰듯이 돈을 빌려 쓸 수 있고, 일반 대출보다 이자도 낮아서 갖고 있으면 든든하기 때문이란다. 이는 물론 착각이다. 든든하기는커녕 대부분 나중에 허리가 휘는 경험을 하게 된다.

은행들은 자신의 이익을 위해 소비에 목마른 사람들을 철저하게 이용한다. 은행이 매력적인 대출 이자를 제공하면서까지 마이너스 통장 영업에 열을 올리는 이유는 펀드 판매나 카드 발급 등의 추가 실적과 함께 대출 등의 부수 거래로 수익을 알차게 챙길 수 있어서다. 이러다 보니 당장 마이너스 통장이 필요 없는 사람에게까지 마치 필수 통장이라도 되는 것처럼 통장을 개설해 주고 어느 순간 빚쟁이로 만들어버린다.

'견물생심'이라고 싼 이자에 돈을 쉽게 빌릴 수 있게 되면 돈이 필요할 때 별다른 고민 없이 마이너스 통장을 사용하게 된다. 처음에는 필요할 때 조금씩 사용하고 갚아 나가기를 반복하겠지만 어느 순간 탄력이 붙으면 결국 마이너스 한도까지 다 채우고 그 이자를 갚아나가면서 돈 때문에 스트레스받는 경우가 비일비재하다.

마이너스 통장은 비상금 통장도 아니고 나중을 위해 미리 준비해놔 야 하는 통장도 아니다. 숱한 사 람들이 비상용으로 마이너스 통

장을 개설해 놓고 돈이 아쉬울 때 슬금슬금 쓰다가 오랫동안 마이너스 통장의 덫에 걸려 빠져나오지 못하는 경우를 수도 없이 봤다.

오랜 고객인 윤정 씨 부부도 마찬가지였다. 처음에는 비상금 용도로 마이너스 통장을 개설해 놓았다가 생활자금이 필요할 때나 집안에 경조사가 있을 때 찔끔찔끔 사용하여 통장 한도인 2,000만 원까지 다 써버렸다. 매달 며칠만 노력하면 쓰지 않을 수 있는 지출이었다. 가랑비에 옷 젖는다고 결국 마이너스 통장의 원금과 이자를 갚는 인생이 됐다. 주택자금대출처럼 목적이 있는 빚을 낸 것도 아니고 자잘한 생활자금을 쓰는 데 2,000만 원이라는 빚이 생긴 것이다.

신혼 초기에는 남들처럼 적금도 들었지만 마이너스 통장 대출금이 늘어나면서 마이너스 통장 이자율보다 낮은 적금을 가입하는 것이 비효율적으로 느껴졌다. 그래서 더 이상 적금은 가입하지 않고 월급이 들어오면 먼저 마이너스 통장의 대출금과 이자부터 갚았다. 그런데 문제는 마이너스 통장 대출금은 쉽사리 줄지 않는다는 것이다.

마이너스 통장, 돈을 모을 수가 없다

마이너스 통장의 가장 큰 폐단은 저축 습관이 나빠진다는 것이다. 적금 금리보다 대출 이자가 더 높기 때문에 월급을 받으면 마이너스 통장부터 우선 갚고 저축은 미루어 건강한 경제 생활이 어그러지는 굴레에 빠지게 된다.

'외상이면 소도 잡아먹는다'는 속담이 있다. 푼돈 빚으로 결국 소까지 팔아 갚아야 할 큰 빚이 된다는 뜻으로, 뒷일은 생각하지 않고 거칠 것 없이 돈을 쓰는 것을 이르는 속담이다. 예전에는 술집에서 단골을 만들기 위해 일부러 손님에게 외상을 줬다. 손님들은 외상을 갚으러 가서 외상을 갚는 대신 또 술을 마시고, 다시 외상만 늘어나는 악순환의 고리에 빠지는 것이다. 결국 술집 주인만 돈을 벌고 손님은 만날 외상값 갚는 인생으로 전락하게 된다. 우리가 어쩌면 쉽게 생각하는 대출도 결국 '소 잡아먹는 일'일 수 있다.

마이너스 통장은 미리 개설해 놓을 필요가 없다. 직장이 있고 신용이 나쁘지 않으면 은행은 마이너스 통장을 언제든 기꺼이 개설해주니 꼭 필요할 때 개설하면 된다. 마이너스 통장은 비상금도 아니다. 비상금은 은행에서 빌리는 게 아니라 내 돈으로 준비하는 것이다.

마이너스 통장 대신 적금에 가입해 미래를 계획하고 만기금을 받아 저축의 기쁨도 느껴보자. 갖고 싶은 물건을 사거나 여행을 가는 것도 좋다. 빚내는 습관보다 돈 모으는 저축 습관을 길러보자. 없으면 안 쓰겠다는 생각으로 살아야 '빚 권하는 사회'에서 살아남을 수 있다.

제대로 가입해야
든든하다,
보험

회사에서 갑자기 몸이 안 좋아 병원에 입원한 한 상사. 며칠 후 돌아와 보험사 보험금 청구앱에 진료비 내역서를 업로드하며 하는 말이 있다.

"○○ 씨, 보험 가입했어? 가입 안 했으면 빨리 들어와. 실손이라도."

보장성 보험은 누구나 살다 보면 일어날 수 있는 위험에 대비하기 위한 상품이다. 리스크를 관리하는 재무 설계의 기초로서 누구나 반드시 필요하다. 하지만 지인이나 친척의 권유로 보험에 가입하는 한국 특유의 가입 방식 때문에 살면서 꼭 필요한 중요한 상품인데도 제대로 가입이 안 되어 있고, 가입한 상품에 만족을 못 하는 사람들이 많다. 가입한 보험증서도 어디에 있는지 모르다가 본인이나 가족에게 사고나 질병이 생겨서야 비로소 보험증서를 찾아 내용을 살펴본다. 이때 사고나 질병에 대해 적절한 보상을 받으면 문제가 없지만 만일 보상을 제대로 받지 못하면 보험에 대한 불신과 보험을 권유한 보험설계사에 대한 원망만 생기게 된다.

다행히 우리나라는 국민들을 국민건강보험에 의무적으로 가입하도록 했기 때문에 당장 발생하는 병의 병원비 부담은 크지 않다. 건강보험 적용 범위도 차츰 넓어져 예전처럼 병원비가 없어서 치료를 포기하는 일은 많이 줄어들었다. 그래도 갑자기 사고가 발생하거나 큰 병이 생겨 하던 일도 그만둬야 한다면 경제적 부담이 만만치 않다.

자산이 부족할수록 보험은 진면목을 발휘한다. 건강하고 무사할 때는 없애버리고 싶은 아까운 지출이지만 위기 상황에서는 큰 힘이 되어준다. 어려울 때 닥치는 사고나 불행은 더 가혹하다. 그래서 경제적으로 넉넉하지 않을수록 보험은 필수다.

그런데 여러 개의 보험에 가입하여 부담이 될 정도로 보험료는 많이 내면서도 보장을 제대로 받지 못하는 사람들이 많다. 심지어 과중한 보험료 때문에 다른 재무 목표를 준비하기 위한 저축이나 투자를 전혀 못 하기도 한다.

사고나 질병이 생긴 후에 보장성 보험의 중요성을 느껴 보험에 가입하려 하지만 발생한 사고나 질병으로 인해 보험에 가입하지 못할 수도 있다. 설사 가입이 가능하더라도 나쁜 조건으로 보험에 가입해야 할 수도 있다. 내가 건강할 때는 보험을 들어주는 '갑'이지만 병력이 있거나 아프면 보험을 절실히 가입하고 싶어도 내 마음대로 되지 않는 '을'로 신분이 바뀐다.

인생 전반에 있을 리스크를 관리하는 데 있어 중요한 상품이지만 많은 돈을 낭비하기도 하는 보장성 보험에 대해 자세히 알아보고 나와 가족을 위해 어떻게 보험에 가입하는 게 옳은지 알아보자.

두 종류의 보험회사, 알고 있나요?

보험회사는 크게 두 종류가 있다.

하나는 삼성생명, 교보생명, 한화생명과 같이 '생명' 자가 붙는 회사다. 생명과 몸에 관련한 사고를 보장하는 보험으로, 주로 종신보험과 CI보험, 정기보험 등을 취급한다.

다른 하나는 손해보험으로 DB손해보험, 현대해상, 메리츠화재와 같이 '손해', '화재', '해상'이 붙은 회사가 있다. 물건 또는 재산 손실을 보상하고 실손의료비보험, 자동차보험과 화재보험 등의 상품을 주로 다룬다.

예전에는 생명보험과 손해보험은 근본적으로 다른 보험이었고, 두 보험의 차이가 뚜렷했지만 지금은 질병이나 상해 등의 보장 영역에서 그 경계가 무너졌다. 즉, 생명보험과 손해보험이 서로 장점은 취하고 단점은 보완해가면서 무한 경쟁을 하고 있는 것이다. 그 결과 소비자들은 이전보다 좋은 상품을 고를 수 있는 선택의 폭이 넓어졌다. 보통 생명보험보다 손해보험사의 상품이 저렴하고 특약 구성이 유연하다. 이제는 생명보험이나 손해보험의 구분 없이 나에게 딱 맞는 보험을 잘 고르는 것이 중요하다. 한 회사의 상품만 고집할 것이 아니라 다른 회사의 좋은 상품과 조립해서 가족의 보장성 보험을 구성하는 것이 보장의 내용이나 비용 면에서 더 효율적일 수 있다.

내게 꼭 필요한 보험은 무엇일까?

1 | 실손의료비보험

실손의료비보험은 병에 걸리거나 다쳐서 입원이나 통원 치료를 받을 때, 약을 살 때 실제 발생하는 비용을 본인부담금을 제하고 보상해주는 상품이다. 2000년 중반 실손의료비보험이 대중화된 이후 보험료를 낮추는 동시에 본인부담금은 늘리는 방향으로 계속 상품이 개정되고 있다. 보험사의 손해율이 높기 때문에 최근 실손의료비보험을 판매하지 않는 회사가 증가하고 있다. 현재는 4세대 실손의료비보험만 가입이 가능하다. 예전 1~2세대 실손의료비보험은 다른 건강종합보험 상품에 특약으로 붙어 실손의료비보험 단독으로만 가입하는 것이 불가능했다. 하지만 3세대부터 불필요한 보장을 받지 않고도 단독으로 실손의료비보험을 가입할 수 있다.

실손보험의 지급 구조를 쉽게 설명하면 아래의 도표와 같다. 병원에서 위내시경을 수면으로 받았다고 해보자. 병원비는 건강보험공단에서 부담하는 공단부담금과 환자가 내야 하는 본인부담금, 그리고 수면마취주사 등의 비급여, 총 3가지 항목으로 구성돼 있다. 이때 만약 병원비가 20만 원이 나왔고 이를 실손보험사에 청구하면 실손보험은 본인부담금과 비급여의 전부 또는 일부를 지급해준다.

급여 부분	비급여 부분
공단부담분 A	C
본인부담분 B	

개인이 지불하는 병원비는 B+C이며 실손의료비보험은 B와 C의 일부 또는 대부분을 보장한다.
(본인부담금은 보험별로 0~30%)

|1| 실손의료비보험의 세대 구분

실손의료비보험은 가입 시기별로 보장 내용이 다르다. 세대별로 구분하여 살펴보면 다음과 같다.

① 1세대(구 실손보험)

2009년 7월 31일까지 가입자. 본인부담금 0%.

② 2세대(표준화 실손보험)

2009년 8월부터 2017년 3월까지 가입자. 본인부담금 10~20%. 실손보험 1~2세대는 혜택이 좋고 도수치료, MRI 등 고가의 진료비도 보장해주므로 보험사의 손해가 크다. 갱신될 때마다 보험료가 크게 인상되지만 법적으로 25% 이상 올리지 못한다.

③ 3세대(신 실손보험)

2017년 4월부터 2021년 6월까지 가입자. 갱신할수록 보험료가 많이 올라가 국가에서 이를 막기 위해 개정한 보험이다. 기본형과 특약을 분리했다(마늘주사 같은 비급여 주사약, 도수치료 등 일부 비급여 치료를 특약으로 분리, 4세대는 비급여 전체를 특약으로 분리함).

3세대까지는 병원비 본인부담금 상한선이 200만 원이다. 이 말은 만약 하나의 질병 또는 사고 당 본인부담금과 비급여 항목을 더한 값이 3,000만 원이 나왔어도 최대 200만 원만 내면 나머지는 보험회사에서 지급한다는 뜻이다.

④ 4세대 실손보험

2021년 7월 이후 가입자. 비급여는 70%만 보장. 비급여 치료 전체를 특약으로 분리. 병원을 자주 가서 도수치료 같은 비급여 청구를 많이 하면 자동차보험처럼 할증이 붙는다. 대신 병원에 많이 안 다니는 사람은 할인율이 높아진다.

급여 항목은 본인부담금 상한선이 200만 원, 비급여는 자기 부담으로 30%를 내야 한다. 보험사에서 최대 받을 수 있는 한도는 5,000만 원이다. 보험료가 3세대보다 저렴하기 때문에 판매하지 않는 보험사도 있다.

4세대 실손의료비보험은 이전에 판매된 상품에 비해 만기와 보장 금액이 줄었고, 특히 도수치료 등 비급여 보험금으로 100만 원 이상을 지급받으면 갱신할 때 최대 300%까지 할증될 수 있다. 대신 보험료는 이전에 판매한 상품보다 최대 70%까지 저렴하다.

이전에는 건강종합보험에 실손의료비가 특약으로 붙어 5만 원 내외의 비용을 내야 했지만 이제 단독으로 실손의료비보험만 가입할 수 있다. 4세대 실손의료비보험 기준으로 30세 남성은 매달 7,630원 내외, 여성은 8,840원 내외로 가입할 수 있다. 5년 주기로 상품이 바뀔 수 있으며 상품 변경에 동의할 경우 계속 갱신하면 100세까지 연장할 수 있다.

보통 실손의료비보험은 예전 상품의 보장 내용이 훨씬 좋기 때문에 해지하지 말고 유지하는 것이 좋다. 나이가 들면서 병원 갈 일이 많아지기 때문이다. 형편이 어려워 보험 가입이 망설여진다고 하더라도 실손의료비보험은 매우 저렴하기 때문에 반드시 가입해야 한다. 예전 실손의료비보험에 이미 가입했는데 만약 내가 상위 1% 건강 체질이고 부모님과 일가친척이 대체로 가족력이 될 만한 병력이 없다면 보험료가 저렴한 4세대 실손의료비보험 단독형으로 갈아타는 방법도 있다.

실제 손해를 보상하는 실손의료비보험 등은 중복보상이 안 된다. 지금은 실손의료비보험을 여러 개 가입하는 것도 불가능하지만 설사 가입이 가능해 여러 개 가입했어도 보험금을 청구할 일이 생기면 한 개만 가입한 것과 똑같은 보험금만 받을 수 있다.

2 | 건강종합보험

암이나 일상에서 발생하는 질병, 상해를 대비해 만든 보험으로, 의료비를 보장해주는 보험을 통칭해 말하는 보험이다. 한국인의 대표적인 사망 원인으로 꼽히는 암, 뇌질환, 심장질환 등에 대한 보장이 가능하다. 하나의 상품을 가입하면 진단비와 입원비, 수술비 같은 병원비 보장은 물론 간병비, 운전자보험까지 다양한 구성이 가능하기에 여러 보험을 가입하는 것보다 비용을 절감할 수 있다. 예전에는 건강종합보험에 실손의료비보험이 특약으로 구성돼 판매됐지만 지금은 분리돼 별도로 가입해야 한다.

3 | 정기보험

10년, 20년, 만 65세, 만 70세 등 기한을 정해 놓고 그 안에 사망하면 보험금을 지급하는 생명보험이다. 만기에 환급금이 없다. 그렇기 때문에 동일한 사망보험금을 보장받더라도 매월 내야 하는 보험료가 종신보험에 비해 훨씬 저렴하다. 가능하면 적은 비용을 내고 보험금을 많이 받고 싶은 사람들에게 인기를 끌고 있다.

오래전부터 종신보험을 정기보험으로 대체하는 추세다. 종신보험은 정기보험과 같은 금액의 보장을 받지만 보험료가 압

병원비   휴직 후 생계   사망보장

도적으로 비싸고 경제적 가장이 아니라면 군이 보험료를 비싸게 내면서까지 사망보장을 받을 필요가 없기 때문이다. 정기보험은, 가장이 남성이라면 만 30세 기준으로 일반 사망보험금 1억 원을 60세까지 보장받기 위해 월 28,000원(20년 납) 정도만 내면 된다.

4 | 종신보험

보험설계사들이 다들 하나씩은 가입해야 한다고 얘기하는 종신보험. 과연 그럴까? 종신보험은 '몸(身)이 끝나는 때(終)' 돈을 받는 보험이다. 보험의 만기가 정해지지 않고 피보험자가 사망하거나 중간에 해약해야 계약이 종료되는 보험으로, 보험료가 비싸 해약이 많은 상품이기도 하다. 보험설계사에게 떨어지는 수당이 제일 많은 보험이기도 하다.

경제적 가장을 제외한 가족 구성원은 사망보장의 의미가 상대적으로 크지 않기 때문에 종신보험의 효용성이 떨어진다. 가장이 남성이라면 만 30세 기준으로 일반 사망보험금(질병 사망보험금) 1억 원을 보장받기 위해서는 월 20만 원(20년 납) 정도를 내야 하고, 암이나 기타 질병, 실손의료비에 대한 특약을 추가하면 월 26만 원 정도다. 돈이 많은 자산가들에게는 상속세 재원 마련이나 절세의 수단으로 활용이 가능하다.

5 | CI(Critical Illness)보험

중대한 질병에 걸렸을 때 돈이 없어 치료를 포기하지 말고 치료비를 지급할 테니 치료를 잘 받아 생존하라는 의미에서 설계된 보험이다. 대신 CI보험금을 받고 난 후 사망하면 사망보험금은 적다. 하지만 CI보험은 중대한 질병에 대한 판정의 모호함으로 보험회사와의 분쟁이 많이 발생하는 보험이라 추천하지 않는다.

보험료는 종신보험보다 더 비싼 편이다. 이런 이유로 종신보험과 마찬가지로 보험료에 부담을 느끼는 사람들의 해약이 많은 상품이다. 개인적인 의견이지만 CI보험은 중대 질병에 특화

돼 있기 때문에 일반 직장인보다는 자산이 많은 사람들의 세컨
드 보험으로나 활용이 가능하다.

6 | 자동차보험

자동차보험은 크게 책임보험과 종합보험, 두 가지로 나뉜다.
책임보험은 자동차를 소유한 사람이 법적으로 반드시 가입해
야 하는 보험으로 상대방에 대한 인적, 물적 배상을 해주는 보
험이다. 종합보험은 책임보험의 보장 내용에 자기 차량과 자기
신체에 내한 보장이 가능하다.

운전자보험은 선택사항으로, 자동차 보험으로 해결할 수 없
는 방어 비용에 집중한 상품이다. 자동차보험이나 건강종합보
험에 가입할 때 특약으로 함께 가입할 수 있다. 상품에 따라 교
통사고 처리지원금, 벌금, 12대 중대과실사고나 사망사고 등
형사처벌을 받을 수 있는 상황에서 변호사를 선임하는 비용 등
의 도움을 받을 수 있다.

저비용·고효율, 최적의 보험 구성법

예전에는 암에 걸리면 기둥뿌리가 뽑힌다고 했다. 실손의료

비 보장이 없던 시절, 일반 보험에 가입했다면 암 진단비를 받아 그 돈으로 치료비, 간병비, 기타 비용 등을 모두 부담해야 했다. 하지만 최근 정부가 중증질환(암, 심혈관질환, 뇌혈관질환, 희귀난치질환) 치료에 필수적인 수술과 항암치료, 여러 검사 등에 건강보험을 적용했다. 암환자는 5년 동안 본인부담률 5%만 부담하면 된다. 또 초음파나 CT촬영, MRI 등 고가의 진단비도 의료보험을 적용해 건강보험 혜택이 늘고 있어 예전에 비해 병원비 부담이 정말 많이 줄었다.

또 실손의료비보험에 가입했다면 본인부담금을 제외하고 최대 4,800만 원(가입 시점마다 다소 차이가 있음)까지 치료비를 실비로 보상받을 수 있다. 직장인 건강검진과 국가에서 시행하는 건강검진도 잘 되어 있어 조기에 병을 발견할 수 있는 시스템이 갖춰져 있다. 만약 생계가 어려워 병원비가 여의치 않다면 국가에서 지원하는 재난적 의료지원비 사업을 통해 혜택도 받을 수 있다.

그런데도 실손의료비보험 외 다른 보험이 필요한 이유는 무엇일까? 질병이나 사고로 수입이 끊기는 것을 대비하기 위해서다. 보통 병원비만 생각하는 경우가 있는데 가정을 꾸리고 자녀가 있는데 큰 병에 걸려서 장기간 투병해야 한다면 생활이 어려워진다. 휴직은 물론 퇴직을 하게 될 수도 있다. 배우자나 가족 역시 경제활동에 차질이 생기고 간병하는 데 시간과 비용을 써야 한다. 이럴 때 보험에서 지급하는 질병 진단금이 위기의 시간을 치료에 전념할 수 있는 시간으로 바꿔준다.

설상가상으로 경제적 가장이 사망하기라도 하면 남은 가족들의 삶이 어려워진다. 경제적으로 다소 부담이 가더라도 최소한의 의료비와 가장이 사망할 경우 남은 가족들의 생계를 위해 대책을 세워 놓기 위함이다.

가족의 보장을 효율적으로 구성하고 싶다면 실손의료비보험에 배상이나 운전자 특약을 함께 가입할 수 있는 손해보험사의 건강종합보험을 기본 뼈대로 하자. 그리고 경제적 가장의 사망보험금은 생명보험사의 정기보험을 활용하는 것이 좋다. 비용을 줄이면서 보장을 극대화할 수 있는 방법이다.

생명보험과 손해보험 상품을 조합하고 자동차보험을 포함

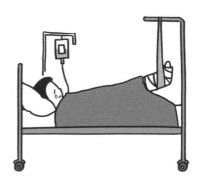

하여 꼭 필요한 특약들을 잘 활용하면 30대 중반에 한 자녀를 둔 3인 가족 기준으로 보험료를 최대 월 30만 원이 넘지 않게 구성할 수 있다. 당뇨병이나 암처럼 특정 질환의 가족력이 있다면 해당 질병에 대한 보장 금액을 높이는 것도 방법이다.

보험에 가입할 때는 우선 실손의료비에 대한 보장부터 확실히 해놓자. 그러고 나서 보험료를 낼 여유가 있다면 처음 가입할 때부터 기본적이고 꼭 필요한 보장 항목을 골라 제대로 된 보장 대책을 구성하면 된다. 처음에 제대로 가입하지 않으면 나중에 보험을 해약하거나 훨씬 더 많은 비용을 치르면서 다시 가입해야 할 수도 있다.

과거보다는 보험의 진단금이나 수술비를 상대적으로 줄여도 무방하다. 진단금이나 수술비를 많이 넣으면 그만큼 보험료가 올라가기 때문이다. 기본적으로 만 60세 이전에 사망하거나 큰 병에 걸릴 확률은 10명 중에 약 1명꼴이다. 자산이 형성되지 않은 상황에서 내가 그 1명에 해당할까 봐 무리하게 보험금을 내는 것은 현명하지 못하다.

보험회사에서는 사람들에게 만일을 대비해 완벽한 보장 대책을 세워야 한다고 강조한다. 하지만 무조건 보장 금액을 늘린다고 해서 삶이 완벽해지는 건 아니다. 보장 금액을 늘리면 보험료는 당연히 높아지는데 그 부담 때문에 미래를 대비한 저축을 못 해 앞으로의 삶이 불완전해질 수 있다.

연령별·상황별 보험 고르는 법

1 | 미혼 남녀

보험에서 가장 비싸게 지불해야 하는 항목이 사망보험금인데 미혼 남녀는 대체로 부양가족이 없기 때문에 사망보장의 의미가 크지 않다. 미혼 남녀는 보험 상품마다 의무적으로 가입해야 하는 기본 항목 정도면 충분하다.

결혼할 계획이 있다면 자녀가 생기기 전까지는 손해보험사의 실손의료비보험과 가족력을 고려해 구성한 손해보험사의 건강종합보험이면 충분하다. 가령 집안에 당뇨나 고지혈증 같은 가족력이 있다면 뇌혈관질환 등의 보장을 강화하는 특약을 추가하면 좋다. 손해보험사를 추천하는 이유는 운전자, 일상생활 배상책임, 화재 벌금과 같은 손해보험 고유의 영역을 포함해 가입할 수 있기 때문이다. 특약을 추가하거나 뺄 때 손해보험사 상품이 더 유연하다는 것도 장점이다.

월 보험료는 여성 6~7만 원, 남성 8~9만 원(나이나 보장 금액, 직업상 위험등급에 따라 다름)이면 적당하다. 특히 몸이 허약하거나 가족력이 있으면 나중에 건강 상태에 따라 가입이 거절될 수 있으므로 처음에 가입할 때부터 확실히 가입하자. 보험료가 부담된다면 실손의료비를 제외한 암이나 성인병의 진단금을 낮춰 가입해 보험료를 조금이나마 줄여보자.

가끔 홈쇼핑이나 재테크 방송에서 보험료가 저렴한 보험 상품을 소개하는데 보험료가 저렴하면 그만한 이유가 있다. 보험료는 보장 기간, 납입 기간, 보장 항목, 보상금 범위, 성별이나 직업, 위험등급 등에 따라 천차만별이다. 어떻게 설계하느냐에 따라 보험료는 얼마든지 위나 아래로 조정할 수 있기 때문에 저렴한 보험료를 보험 가입의 기준으로 삼으면 안 된다. 앞에서 제시한 보험료를 기준선으로 삼으면 적절한 보험료를 정하기 쉬울 것이다.

2 | 자녀가 없는 부부

결혼했지만 자녀가 없다면 사망보험금에 대한 의미가 크지 않다. 미혼 남녀와 마찬가지로 실손의료비보험과 손해보험사의 건강종합보험에 필요한 특약을 추가하는 정도면 충분하다. 사망보장도 보험 상품마다 의무적으로 가입해야 하는 수준이면 된다.

보장성 보험은 연말정산을 할 때 연간 100만 원 한도에서 세액공제 혜택을 받기 때문에 맞벌이 부부라면 보험의 계약자를 각자 본인으로 하고, 외벌이라면 보험 계약자를 수입이 있는 사람(보험료가 연간 100만 원을 넘지 않을 때)으로 정하는 게 유리하다. 계약자 변경은 보험회사에서 요구하는 서류를 제출하면 언제든지 가능하므로 상황에 따라 계약자 변경 제도를 이용하자.

3 | 자녀가 있는 부부

아이를 임신했거나 자녀를 낳은 부부의 보험은 자녀가 없는 부부와 기본적인 내용은 같다. 단, 경제적 가장의 사망보장이 중요해지므로 생명보험사의 정기보험에 가입해 자녀가 성인이 될 때까지 적절한 사망보장금을 받을 수 있도록 대책을 마련하는 것을 추천한다.

만일 경제적 가장이 불의의 사고나 질병으로 사망한다면 배우자가 남은 자녀를 부양하고 교육시켜야 하기 때문에 가장이 사망할 때를 대비한 대책 마련은 필수다.

자녀를 임신하면 16~22주 이내에 태아보험에 가입하는 게 좋다. 태아보험 가입은 산모 건강에 큰 문제가 없는 한 쌍둥이나 시험관 아이도 대부분 가입이 가능하다. 하지만 임신 6~7개월 무렵에 산모가 임신 당뇨나 고혈압 등의 질환이 있다면 보험 가입이 안 되는 경우가 있으니 그 이전에 가입하는 게 좋다. 가입할 때 치료력에 따라 특정 질환에 대해 일정 기간 보장을 해주지 않는 '부담보(조건부 가입)' 기간을 걸 수도 있다. 출산 전에는 이런 문제가 없으므로 어차피 가입해서 동일한 기간 동안 보험료를 내야 한다면 출산 전에 보험에 가입하는 게 좋다.

태아보험에 가입할 때 100세 만기로 해야 할지 아니면 30세 만기로 해야 할지 고민될 것이다. 8~9만 원을 내야 하는 100세 만기보다는 3~4만 원을 내면 되는 30세 만기를 추천한다. 30년 후면 세상이 많이 바뀔 테고 그 시대에 꼭 보장받아야 할 질병은 지금과 다를 수 있기 때문에 지금 미리 걱정해서 비싼 보험료를 낼 필요가 없다고 생각한다. 그리고 보험료를 아껴 남은 돈 4~5만 원은 매달 아이에게 펀드나 주식을 사서 모아주는 것이 훨씬 좋다. 아이가 성인이 될 때까지는 부모가 책임지고, 그 이후에는 그 시대 맞는 보험을 스스로 가입하면 된다.

태아보험은 계약자를 반드시 엄마로 해야 하지만 출산 후에는 계약자를 변경할 수 있다. 맞벌이 부부라 어느 한 쪽이 보험료 세액공제 한도인 100만 원을 못 채웠으면 아이의 보험을 이용해 부족분을 채우면 된다.

4 | 부모님 보험

노후에는 실손의료비에 대한 보장이 절대적으로 중요하다.

주위에 연로하신 부모님이나 조부모님을 보면 얼마나 자주 병원에 가는지 알 수 있다. 지금의 60~70대 이상은 여러 가지 이유로 보장성 보험을 제대로 가입한 분들이 거의 없다. 뒤늦게 가입했다고 해도 상해 보장이나 입원 일당 정도가 보장의 전부다. 보험에 기댈 수 없으니 의료비를 직접 부담해야 한다. 부담할 능력이 없으면 치료를 못 받거나 자녀들에게 부담이 전가될 수밖에 없다.

이럴 경우 자녀가 부모님의 실손의료비보험 가입을 챙겨야한다. 부모님이 보험료 납입 능력이 안 된다면 자녀가 보험료를 내자. 이렇게 하는 것이 오히려 부모님이 크게 아플 때 부담을 덜 수 있는 대안이다. 부모님이 건강상의 문제로 보험에 가입이 안 된다면 형제들끼리 부모님의 병원비 통장을 따로 만들어 매달 돈을 모으는 것이 필요하다. 부모의 큰 병원비 때문에 자녀들이 계획 없는 대출을 받기도 하고 형제자매 간에 의가 상하는 경우도 많다.

보장은 저축이 아니라 내면 사라지는 비용

아직도 많은 사람이 해약환급금이나 만기환급금에 상당히 민감하다. 그러다 보니 보장도 되면서 저축도 되는 상품을 여전히 선호한다. 하지만 보험은 적금이 아니다. 보험에 돈을 넣고 나중에 돌려받고 싶다면 잘못 생각하고 있는 것이다. 보험에 투입되는 비용은 낮추면서 보장의 효과는 극대화해야 한다. 보장성 보험은 저축이 아니라 비용이라는 개념으로 접근해야 돈을 낭비하지 않는다.

대부분 잘 가입한 보험은 해약하지 않는다. 해약을 하는 순간 보장이 끝나기 때문에 해약하면 큰 손해다. 보장을 받으려면 보험을 계속 유지해야 하고, 보험에 들어간 돈은 사망하거나 만기가 되지 않으면 현금으로 찾을 수 없다. 그래서 중도에 해지해야 받는 해약환급금은 의미가 없다. 보험을 가입할 때 해약환급금에 신경을 쓰면 보험료를 비싸게 내야 한다.

해약하지 않을 보험에 비싼 보험료를 내는 것은 어리석은 결정이 아닌가? 물론 요즘은 보험 상품이 다양해져 해약환급금의 일부를 중도에 찾아 쓸 수 있는 상품이나 납입 기간 동안 해약환급금이 없는 대신 보험료를 할인해주는 상품도 있지만, 그것조차 보험회사가 손해 보지 않도록 계산해서 이미 보험료에 반영된 것이다. 또한 보험 안에 들어 있는 해약환급금은 인플레이션에 따른 화폐가치 하락으로 시간이 흐를수록 푼돈으로 전락한다. 만기인 50년, 70년 후에 그 돈의 가치가 얼마나 될까? 별로 의미 없는 수치가 될 것이다.

갱신형보다 비갱신형으로

보험료를 내는 방식에는 기간을 정해 놓고 갱신할 때마다 보험료를 다시 산정해 보험료가 변동되는 '갱신형'과 처음에 정한 보험료가 납입기간 동안 변동되지 않는 '비갱신형'이 있다. 최근에는 보험회사들이 예측할 수 없는 위험을 회피하기 위해 가입자에게 위험을 부담하게 만드는 '갱신형'을 늘리는 추세다. 결론부터 이야기하면 보험가입자 입장에서는 실손의료비보험처럼 반드시 갱신형으로 가입할 수밖에 없는 것 외에는 보험료가 변동되지 않는 '비갱신형'으로 가입하는 게 유리하다.

갱신형은 연령의 증가나 보험금을 지급한 비율에 따라 보험료가 달라진다. 나이가 많아지면 보험료가 올라가고 보험사의 손해율이 상승하면 마찬가지로 보험료가 올라간다. 특별한 예외가 없는 한 대부분 갱신 시점마다 보험료가 올라간다고 보면 된다.

일례로 암 진단비 2,000만 원을 100세까지 보장받는 보험을 3년 갱신형 조건으로 가입했다면 3년마다 보험료가 얼마나 올라갈지 예측할 수 없고 이렇게 3년마다 보험료를 계속 갱신하면서 100세까지 계속 내야 한다. 반면에 암 진단비 2,000만 원을 100세까지 보장하는 보험에 20년납 조건으로 가입했다면 보험사의 손해율이 아무리 증가해도 가입할 때 정해진 보험료만 20년 동안 내면 된다. 손해율 증가에 따른 보험료 상승의 위험을 '갱신형'은 가입자가, '비갱신형'은 보험사가 부담한다. 어떤 형태가 가입자에게 유리할까? 당연히 '비갱신형'이다.

가입 시점의 보험료는 내가 선택할 수 있지만 갱신할 때 보험료는 보험회사가 결정한다. 갱신할 때마다 보험료가 감당하기 어려운 수준으로 크게 오르면 보험가입자의 선택은 두 가지뿐이다. 오른 보험료로 내거나 해약하고 다른 보험에 가입하는 것이다. 그런데 갈아타기도 쉽지 않다. 그동안 건강 문제가 생겨 새로운 보험을 가입하는 데 영향을 끼칠 수 있는 보험금을 받았다면 다른 보험에 가입하지 못하거나 나쁜 조건으로 가입해야 할 수도 있다. 이럴 경우 울며 겨자 먹기로 '갱신형'을 계속 유지해야 하는 불가피한 상황이 벌어질 수 있다.

안 내고 안 받는 것도 유리한 방법이다

질병이나 상해로 병원에 입원하면 입원 하루당 정액을 지급하는 보장 항목이 상해·질병 입원일당이다. 상해·질병으로 입원해 하루에 2만 원(일당은 정하기 나름)의 입원일당을 받으려면 월 보험료로 15,000원을(나이에 따라 다름) 납입해야 한다고 가정해보자. 1년 동안 내야 하는 보험료를 더하면 180,000원이다. 질병이든 상해든 매년 9일을 입원해야 납입한 보험료만큼 보험금으로 받을 수 있다. 대부분은 매년 9일씩 입원하는 일이 없을 것이다. 실손의료비가 없다면 모를까 실손의료비가 있는 상황에서는 입원일당에 대해 비용과 편익을 고려한 뒤 가입을 결정하는 게 현명하다.

입원일당에 대해 위와 같이 설명하면 대부분 안 내고 안 받는 것을 선택한다. 보험의 보장 항목들 중에는 이렇게 반드시 비용과 편익을 따져야 할 항목들이 많다. 특히 손해보험 상품에 가입을 고려한다면 보장 항목의 개수가 많기 때문에 명확한 기준을 세워 꼭 필요한 보장 항목만 선택해야 작아 보이는 돈이라도 누수를 막을 수 있다.

내담자들에게 차 구입을 예로 들어 설명하면 이해를 잘한다. 자동차 매장에 중형차를 사러 갔다가 옵션을 하나둘씩 붙이다 보면 가격이 높아져 결국 매장을 나올 때는 대형차에 서명하고 나오는 것과 같다. 보장 항목 하나하나를 꼼꼼히 잘 따져 필요 없는 것은 처음부터 가입하지 않도록 하자.

| 보험 |

아버지가 간암으로 수술받으셨어요.

회사에 들어온 지 얼마 안 되었을 때 보험설계사인 고모에게 연락이 왔다. 젊을 때 보험에 들어야 보험료도 싸고 좋으니 당신에게 들으라는 말씀이셨다. 한 달에 내야 할 보험료는 기십만 원 정도라고 하셨다.

아버지가 간암으로 수술을 받으셨고 건강진단을 받으니 나도 혈압이 높다고 한다. 앞으로 어찌 될지 모르는 게 미래라 보험은 들어야겠는데 아는 게 전혀 없는 데다 한 달 보험료로 나가야 할 돈도 걱정이었다. 암 가족력도 걱정되고 남자라면 종신보험이라는 것도 가입해 놓아야 한다는데……. 이 선생님, 저는 얼마 정도로, 어떤 보험에 드는 게 좋을까요?

이 선생님의 재테크 과외

1 | 보험은 저축이 아니라 비용입니다. 아프지 않으면 낸 돈은 돌려주지 않습니다. 그렇기에 비용을 가장 적게 들이면서 보장을 제대로 받을 수 있는 상품에 가입하는 게 우선입니다. 김 대리 같은 미혼 남성은 사망보험금보다는 치료비를 실비로 받을 수 있는 상품이 필요합니다. 실손의료비보험 하나와 꼭 필요한 보장을 추린 손해보험사의 건강종합보험, 두 상품을 가입하길 권합니다.

2 | 과거보다는 보험료가 많이 올랐지만 월 보험료는 실손의료비보험과 건강종합보험을 합해 9만 원 정도면 충분합니다. 지금 가입 가능한 4세대 실손의료비보험은 단독으로 가입하는 상품으로 입원이나 통원할 때 치료비를 주로 보장해줍니다. 건강종합보험은 암, 성인병, 사망, 상해, 배상까지 보장해줍니다. 두 보험을 가입했다면 추가로 다른 종신보험, 상해보험에 가입할 필요는 없습니다. 가족력으로 암이 걱정되니 마흔 넘어서 여유가 생기면 암보험에 가입하는 것이 좋습니다.

3 | 나중에 병에 걸릴 것을 걱정해서 현재 너무 많은 돈을 보험에 쓰는 것은 현명하지 못합니다. 다행히 국민건강보험에서 병원비가 많이 드는 암, 심장질환, 희귀병 같은 중증 질환에 대해서 본인부담률을 계속 낮추는 추세입니다.

4 | 실손의료비보험처럼 반드시 갱신형으로 가입해야 하는 것은 어쩔 수 없지만 비갱신형으로 가입할 수 있는 특약은 꼭 비갱신형으로 가입하세요. 갱신형으로 가입하면 지금 당장은 보험료도 저렴하고 보장도 많이 해주는 것 같지만 갱신될 때마다 오르는 보험료를 감당하기 힘들 수도 있습니다.

5 | 보험설계사는 김 대리를 오랫동안 가족처럼 관리해줄 수 있는 분이 최고입니다. 얼마나 오래 일을 했고 어떻게 고객을 관리하는지 물어보는 것도 방법입니다. 상품의 설계 및 설명은 기본입니다. 판매할 때는 정말 잘 관리해줄 것 같다가 일단 가입하고 나면 회사가 없어지거나 연락 두절인 보험설계사는 피해야 합니다.

고모에게 전화를 걸었다. 실손의료비보험과 건강종합보험을 들겠다고 말씀드리니 좋은 결정이라고 몇 가지 상품설계서를 보내주셨고 그중 가격대와 가족 병력에 잘 맞는 상품을 추렸다. 내가 약관대로 아플 일이 생길까 싶었지만 해당 내용을 찾아 몇 가지 검색을 하며 꼼꼼히 검증 절차를 마쳤다. 상해급수가 1급이다. 가입할 때 직업과 위험도를 속이면 후에 계약 전 알릴 의무 위반으로 보험금을 받을 수 없다고 하니 잘 확인하자.

내가 100살까지 살아도 망할 것 같지 않은 회사를 골라 암까지 보장되는 9만 원대 상품에 가입했다. 가입한 후 보험 증서를 받았다. 나중에 세액공제도 된다고 한다. 아프면 물론 안 되겠지만, 불상사에 대비해 완충 작용을 할 수 있는 상품을 갖고 있다고 생각하니 마음이 든든하다.

젊을 때 준비해
노년을 여유롭게,
연금

살면서 필요한 것들을 해결하기 위해서는 많은 돈이 든다. 그중에서도 돈이 가장 많이 드는 세 가지를 꼽으라면 내 집 마련자금, 자녀 교육자금, 노후 자금 이 세 가지다. 부모님에게 많은 유산을 받았다면 몰라도 대부분의 사람이 살면서 이 세 가지를 완벽하게 해결하는 것은 불가능에 가깝다. 그러다 보니 눈앞에 닥친 주택자금이나 자녀 교육자금부터 해결하고, 노후 자금은 필요한 만큼 준비하지 못하는 경우가 대부분이다.

100세 시대, 오래 사는 것이 마냥 축복은 아닌 시대다. 노후 준비를 제대로 하지 못하면 원치 않는 일을 노후까지 해야 할 수 있다. 그런 상황에 내몰리지 않으려면 노후 준비 방법에 대해 제대로 공부하고 하루라도 빨리 준비를 시작해야 한다.

과연 어떻게 노후 준비를 해야 자녀나 타인에게 손을 벌리지 않고 최소한의 자존심이나 품위를 지키면서 살 수 있을까? 그 방법을 노후 준비의 가장 기본이 되는 3층 보장대책 즉, 공적연금, 퇴직연금, 개인연금에 대해 알아보자.

우리가 준비해야 할 현실적인 노후 생활비

상담할 때 나는 노후 준비와 관련해 두 가지 질문을 꼭 한다. 본격적인 노후는 몇 세부터 시작된다고 생각하는지, 노후에는 현재 가치로 매달 얼마가 필요하다고 생각하는지에 관한 질문이다. 노후 생활 시작 시점, 즉 은퇴 시점은 본인의 정년을 고려해 대부분 현실적으로 답하는 편이다. 하지만 노후에 필요한 매월 생활비에 대한 질문에는 엉뚱한 답을 할 때가 많다. 노후 생활비를 너무 적게 말하거나 반대로 터무니없이 많은 금액을 이야기하기 때문이다.

얼마 전 노후 준비를 잘하고 싶어 나에게 상담을 받으러 왔던 경철 씨도 어느 상담자와 마찬가지로 노후 준비와 관련한 두 가지 질문을 받았다. 노후에 필요한 매월 생활비 질문에는 "한 달에 한 오백만 원은 있어야 하지 않을까요?"라며 해맑게 대답했다. 현재 경철 씨는 3인 가족으로, 양육비와 교육비를 다 포함해 생활비로 300만 원 정도를 쓰고 있다고 했다. 은퇴 후에는 자녀가 독립하고 지금보다 소비도 줄어들 텐데 현재 생활비보다 훨씬 높은 금액으로 예상한 것이다. 이 점을 지적하니 경철 씨도 무언가를 깨닫는 듯했다.

서울에 거주하는 70대 부부의 월 지출 내역에서 가장 큰 비중을 차지하는 것은 기본적인 생활비와 의료비 및 품위 유지비다. 노후로 접어들면 시간이 흐를수록 기본적인 의식주 비용은 대폭 줄어든다. 활동력이 떨어지기도 하고 경로우대 등 각종 복지 혜택으로 교통비, 차량 유지비 등의 지출이 줄어들거나 사라지기 때문이다. 삶이 점점 단조로워지므로 각종 교제비와 여행비 같은, 왕성한 활동을 바탕으로 하는 비용도 현저하게 줄어든다. 반면 의료비는 해가 갈수록 증가하다 75세를 기점으로 크게 증가하는 경향을 띤다.

노후 생활비를 정할 때는 국민연금공단과 국민연금연구원이 실시한 '국민노후보장패널 조사'를 참고할 필요가 있다. 2020년에 발표한 8차 조사에 따르면 중·고령자가 노후에 필요한 최소 생활비를 부부는 195만 원, 개인은 117만 원으로 보았

고, 적정 노후 생활비는 부부 268만 원, 개인은 165만 원을 바라다고 답했다. 서울에 거주하는 중·고령자는 타지역에 비해 상대적으로 더 많은 노후 생활비가 필요하다고 답했는데 물가가 비싸니 당연한 이야기다.

이 조사 자료를 보면 실제로 필요한 금액과 원하는 금액의 차이는 있지만 상당히 현실적인 기준이라 생각된다. 나는 내담자와 상담할 때 부부는 현재가치로 월 200만 원, 개인은 월 150만 원을 최소한으로 준비해 놓는 것이 좋고 그 이상은 다다익선이라는 기준을 제시한다. 적어 보이는가? 물론 현재 수입이나 자산을 고려할 때 다소 적게 느껴질 수 있지만, 지금처럼 대출금을 포함한 주거비용과 자녀 사교육비 등으로 지출이 많아 저축하기도 힘든 시기에 따로 노후 생활비를 준비해나가는 것이 생각보다 쉽지 않을 것이다.

그럼에도 노후 준비는 가능하면 빨리 시작해야 한다. 노후 준비를 시작하려면 제일 먼저 언제 은퇴할지, 그 시점부터 매월 현재가치로 얼마 정도의 소득이 나오는 시스템을 만들 것인지 정해야 한다. 노후 자금은 국민연금과 같은 공적연금, 퇴직연금, 개인연금의 3층 보장대책을 기본으로 하여 확실하게 현금 흐름을 만들어야 한다.

현재가치와 미래가치 차이를 알아두자

이제 노후 자금의 기준으로 제시하는 현재가치 월 200만 원이 30년 후(실제 노후 생활비가 필요한 예상 시점) 미래가치로 얼마인지부터 파악해보면 노후 생활비를 현실적으로 준비하는 데 도움이 된다. 물가 상승률 1%는 별 차이 아닌 것 같지만 다음 표에서 보는 것처럼 30년 후에는 큰 차이가 난다. 현재와 미래의 시간차가 길수록 그 차이는 더 커진다.

현재가치 월 200만 원의 30년 후 미래가치

금액/물가상승률	연 1%	연 2%	연 3%
200만 원	270만 원	362만 원	485만 원

경철 씨가 처음에 희망했던 월 500만 원을 기준으로 살펴보면 그 금액에 질려 노후 준비를 아예 포기할지도 모른다.

연평균 물가상승률이 2%라 가정하면 현재 돈 500만 원의 가치는 30년 후 906만 원이 된다. 연간으로 따지면 1억 872만 원이다. 원금은 손대지 않고 이자(세후 1% 기준)로만 매월 생활비를 충당한다고 가정하면 원금이 약 110억 원이 돼야 할 정도로 아주 큰 금액이다. 이런 큰 금액을 노후 생활비로 준비해야 한다면 대부분의 사람은 노후 준비를 애초부터 포기할 것이다. 현실적인 노후 생활비를 정하는 게 중요한 이유다.

현재가치 월 500만 원의 30년 후 미래가치(경철 씨 희망 노후 생활비)

금액/물가상승률	연 1%	연 2%	연 3%
500만 원	674만 원	906만 원	1,214만 원

다시 한번 강조하면, 노후에 필요한 자금에 대해 대강 월 200만 원, 월 500만 원이라고 막연히 추측하기보다 실제로 얼마나 들지 구체적으로 따져보고 실질적인 노후 생활비를 예상해야 한다.

국민연금, 퇴직연금, 개인연금으로 이뤄지는 3층 보장대책에 대해서도 제대로 알아보고 각각 어떻게 잘 이용할까에 대해 진지하게 고민해봐야 한다. 여기저기서 말하는 노후에 대한 공포와 엄두가 안 나는 금액에 질려 노후 대비를 소홀히 하지 말자. 노후에 필요한 자금은 정해져 있기에 생각보다 끔찍하지 않을 수도 있다.

돈은 시간과 수익률의 싸움이고, 하루빨리 조금이라도 더 모아야 노후를 충실히 준비할 수 있다. 그 준비를 위해서는 더 빨리 시작하거나 더 많이 불입하거나 수익률을 더 높이는 '3더' 방법 말고는 없다.

국민연금, 반드시 준비할 것

많은 사람이 노후 준비에 대해 잘못 생각하는 부분이 있다. 그중 가장 잘못된 인식은, 저출산과 고령화로 20~30년 후 국민연금의 기금 고갈로 국민연금을 못 받을 수 있다는 내용이다. 급여 생활자는 급여에서 국민연금 보험료를 미리 공제하고 월급을 받으므로 다른 방법은 없지만 자영업자나 기타 소득자는 이러한 잘못된 인식 때문에 국민연금을 안 낼 수 있다면 안 내는 것이 좋다며 국민연금에 대해 불신하고 개인연금 위주로 노후 준비를 하려 한다. 하지만 이런 인식은 경계해야 한다.

저출산과 고령화로 일정 시점에 도달하면 연금 보험료를 내는 사람은 줄어드는데 연금을 받는 대상자는 기하급수적으로 증가한다. 현재 상태라면 국민연금의 고갈이 예상되는 것은 사실이다. 그렇지만 국가가 지급을 약속한 공적 연금을 지급하지 않는 상황은 없다고 보는 것이 좋다. 세금을 더 거둬서라도 지급할 것이고, 그렇지 못한 상황은 국가가 망하는 경우밖에 없는데 현실적이지는 않다. 최악의 경우로 꼽히는 그리스도 국가부도가 났지만 연금 지급은 금액을 줄여서라도 하고 있다.

단, 연금 재원의 부족이 예상되기 때문에 지속적인 공적 연금의 개혁을 통해 현재보다 연금 보험료를 많이 내고, 적게 받으며, 늦게 받을 리스크는 크다. 특별한 변수가 생기지 않는 한 이런 추세는 확실해 보인다. 하지만 지금 연금을 받고 있거나 받을 시점이 얼마 안 남은 연금 수급자에게는 국민연금만 한 게 없다.

현재의 국민연금 제도에 따르면, 연금 가입자의 가입 기간 중 평균 소득이 월 350만 원이라고 가정할 경우 30년간 월평균 15만 7,500원(자영업자를 비롯한 지역가입자는 31만 5,000원)을 내면 65세부터 매월 91만 6,520원을 받는다. 연금 지급 금액은 연금 수급 전 3년간 전체 가입자의 평균 소득액을 현재 기준인 253만 9,734원으로 산정한 금액이다. 특별한 변수가 없는 한 실제로 연금을 지급받는 시점이 많이 남으면 남을수록 위의 기준 금액은 더 높아진다.

국민연금은 매년 전국 소비자 물가 변동률을 반영하여 연금을 지급한다. 물가와 소득이 꾸준히 오른다고 가정하면 연금을 받기 직전 3년간 전체 가입자의 평균 소득액은 비슷한 비율로 상승하고 연금 지급액은 이를 반영하여 지급하게 된다. 이점은 퇴직연금이나 개인연금과 달리 국민연금만이 가진 장점이다.

퇴직연금이나 개인연금은 그 이상의 수익률을 내서 물가상승에 따른 화폐가치 하락분을 방어해야 하지만 국민연금은 매년 물가상승률을 반영하기 때문에 30년 후에도 현재 가치만큼 연금을 지급하는 것이다.

또한 국민연금의 소득 재분배 효과로 급여가 낮을수록 낸 보험료에 비해 상대적으로 높은 비율의 연금을 받을 수 있다는 것도 장점이다.

국민연금을 불신하거나 소득이 없어 연금 보험료를 납부하지 않았던 미가입자, 납입 기간이 부족해 연금을 받을 수 없던 사람들은 지금 국민연금을 꼬박꼬박 받는 연금 수급자를 무척 부러워한다. 국민연금을 불신하면 나중에 연금 수급자를 부러워하는 사람 중 한 사람이 될 수 있다.

퇴직연금, 선택에 따라 퇴직금이 달라진다?

내담자들과 상담할 때 회사에서 어떤 퇴직연금제도를 운용하는지 아느냐 물어보면 잘 모르는 사람들이 태반이다. 특히 내담자가 젊으면 젊을수록 그런 현상은 뚜렷하다. 대부분 세금이나 공제금을 다 떼고 나오는 세후 월급에는 관심이 많지만 세금을 비롯해 공제되는 내용이나 금액에는 별 관심이 없는 경우가 많다. 그런데 회사가 어떤 퇴직연금제도를 운용하느냐에 따라 내 미래의 이익에 큰 영향을 미치기 때문에 내용을 확인하고 적극적으로 대응해야 한다.

과거에는 퇴사할 때 회사에 유보한 자금으로 퇴직금을 일시에 지급받는 경우가 많았다. 그러다 보니 사업체가 부도나면 퇴직금을 떼이는 경우도 있었다. 근로자들이 퇴직금을 받지 못해 어려움에 처하는 것을 방지하기 위해 2005년 12월부터 퇴직연금제도가 시행되어 지금은 대부분의 사업장에서 퇴직연금제도를 실시하고 있다. 퇴직연금제도는 근로자의 퇴직금을 외부 금융회사에 적립해 놓는 것으로, 설사 회사가 망해도 근로자의 퇴직금은 전액 보장이 된다. 퇴직연금제도는 근로자의 퇴직금을 지켜주는, 근로자에게 유리한 제도다.

회사에서는 퇴직연금제도로 확정급여형(DB형)이나 확정기여형(DC형)을 도입하고 있다. 확정급여형과 확정기여형, 두 가지 제도를 모두 도입한 회사도 있다. 규모가 작은 회사는 기업형IRP(Individual Retirement Pension)를 도입하기도 한다.

여러분의 회사가 퇴직연금제도를 운용하고 있다면 DB형인가? DC형인가? 아니면 기업형IRP인가? 답을 모른다면 내일이라도 당장 회사의 퇴직연금 담당자에게 확인하기 바란다. 당신의 노후가 달라질 수 있다.

확정급여형이라면 신경 쓸 필요가 없다. 회사가 퇴직연금을 알아서 운용해 근로자가 퇴직하기 전 3개월 평균 임금에 근속연수를 감안해 정해진 기준에 따라 계산된 퇴직연금을 IRP계좌(퇴직할 때 퇴직연금을 받으려면 개설해야 함)로 이전해준다.

확정기여형이나 기업형IRP라면 신경을 많이 써야 한다. 회

사의 의무는 총급여의 1/12을 확정기여형 계좌나 기업형IRP 계좌로 이체해주는 것으로 대부분 끝난다. 그때부터 퇴직연금을 잘 운용하는 것은 당신의 책임이다. 확정 이자를 주는 예금으로 안정적으로 굴리든, 실적배당형 상품인 펀드를 이용해 적극적으로 굴리든 개인이 선택할 사항이다. 하지만 퇴직연금을 어떻게 운용하느냐에 따라 20~30년 후 퇴직할 때 수천만 원에서 억 단위까지 차이가 날 수 있으니 선택하는 상품에 대해 공부하고 1%라도 높은 수익률을 올리려고 노력해야 한다.

운용하는 제도가 한 가지라서 근로자가 제도를 선택할 수 없는 회사도 있지만 확정급여형과 확정기여형 제도를 모두 운용해 근로자가 원하는 제도를 선택할 수 있는 회사도 있다. 이때는 잘 선택해야 하는데 먼저 회사의 연간 임금 상승률이 퇴직연금을 직접 운용해서 얻을 수 있는 수익률보다 높을 경우에는 확정급여형을 선택하는 게 낫다. 투자 상품에 대해 잘 모르거나 투자 상품을 잘 운용할 자신이 없는 경우에도 확정급여형을 선택하는 게 나을 수 있다. 반면에 투자 상품에 대해 잘 알고 운용에 자신이 있으면 확정기여형을 선택해 수익률을 최대한 높이는 게 낫다. 회사는 안정성을 우선하여 대부분 확정 이자를 주는 예금 위주로 운용하는 경우가 많다.

한 가지 알아야 할 점은 확정급여형을 선택했더라도 후에 확정기여형으로 전환이 가능하나 확정기여형을 선택했다면 확정급여형으로 전환할 수 없으니 선택하는 데 신중해야 한다.

퇴사하고 받은 퇴직연금(IRP), 깨지 마세요

전직을 하면서 받은 퇴직급여는 일시금으로 찾아 써버리지 말고 퇴직급여를 수령한 IRP 계좌 안에서 잘 불려 노후 자금으로 사용해야 한다. 요즘은 전직하면서 퇴직급여를 중간에 받을 기회가 많은데 문제는 이 퇴직급여를 노후 자금으로 모으지 않고 다른 용도로 사용해버린다는 점이다.

이렇게 중간에 받는 퇴직급여를 무의미하게 푼돈으로 사용하면 퇴직연금으로 노후 자금을 만드는 데 차질이 생긴다. 통계에 따르면 퇴직연금을 실제 연금 형태로 수령한 계좌가 전체의 1.9%에 불과했다. 안타까운 일이다.

55세 이전에 퇴사하면 경영지원팀에서 퇴직급여를 이전받기 위한 IRP계좌를 만들라고 안내한다. 만약 55세 이후에 퇴직하거나 퇴직급여액이 300만 원 이하라면 IRP계좌를 만들지 않아도 월급을 받던 통장으로 퇴직 소득세를 제한 퇴직급여를 받을 수 있다.

IRP로 이전된 퇴직급여는 반드시 연금으로 받아야 하는 것은 아니다. IRP를 해지하면 퇴직 소득세를 제한 뒤 일시금으로 찾을 수 있다. 하지만 IRP를 해지하지 않으면 퇴직소득세가 이연(세금을 일정 기간까지 연기해주는 것)되고 55세 이후에 연금으로 수령하면 연금수령 기간에 따라 이연된 퇴직소득세의 30~40%를 깎아준다. 또한 IRP계좌 안에서 퇴직소득세를 포함한 금액으로 투자 상품을 운용할 수 있기 때문에 퇴직소득세를 제하고 받은 일시금만으로 운용하는 것보다 퇴직급여를 더 많이 불릴 수 있다.

IRP계좌는 과일 바구니라고 생각하면 이해하기 쉽다. 과일 바구니 안에는 사과, 배, 포도, 딸기 등 제철에 맞는 다양한 과

일을 담는다. 마찬가지로 IRP계좌에 들어간 퇴직급여로 예금, RP, 펀드, 회사채, ETF 등 다양한 금융 상품에 비율을 나눠 저축하거나 투자하면서 노후 자금을 최대한 불릴 수 있다.

노후 준비나 은퇴 설계를 주제로 기업체에 강의를 나가면 퇴직이 1~2년 남았거나 최대 5년 정도 남은 사람들과 대화를 나누게 된다. 퇴직금을 중간 정산하여 사용한 적이 있는 사람들은 퇴직 후 받을 퇴직금이 충분하지 않아 아쉬워했고, 퇴직금을 직접 운용할 수 있다는 것을 몰라 수익률을 좀 더 높이지 못한 점도 아쉬워했다.

특히 전직을 하면서 수령한 퇴직급여를 IRP계좌에 가둬두지 않고 그때그때 사용하여 어디로 갔는지 흔적도 남지 않았다며 한탄하는 사람도 있었다. 선배 세대들과 같은 후회를 하지 않으려면 완전 은퇴하기 전까지는 퇴직급여를 IRP계좌 안에 세금을 더해 모으고 불려서 의미 있는 노후 자금으로 만들어 사용하자. 자영업자도 IRP 가입이 가능하며 최대 700만 원의 세액공제 혜택을 받을 수 있다.

나라가 세제 혜택을 주며 권하는 개인연금

국민연금을 비롯한 공적연금과 퇴직연금은 내가 매월 납입할 금액을 정하지 않아도 정해진 소득에 연동돼 자동으로 금액이 납부되는 데 반해 개인연금은 상품이나 납입금액, 연금수령 시기를 직접 정해야 한다. 전자가 대부분의 선택이 강제적이라면 후자는 모든 선택을 자발적으로 해야 한다.

개인연금은 강제 사항이 아니어서 가입률이 국민연금이나 퇴직연금에 비할 바가 못 된다. 또한 가입해서 많이 내야 많이 받을 수 있는데 강제성이 없다 보니 노후 준비가 부족할 것으로 예상돼 꼭 가입해야 하는 사람은 가입률이 저조하다. 오히려 경제적으로 여유가 있는 사람은 개인연금 가입률이 높고 납입액도 많다.

살면서 어떤 위기가 발생할지 모르고, 두 개의 연금만으로는 노후 준비가 충분하지 않기 때문에 개인연금으로 힘을 보태야 한다. 한창 일할 때 힘닿는 데까지 잘 불입해 놓으면 정해진 기간이나 사망할 때까지 일정 금액의 연금을 꼬박꼬박 받을 수 있어 공적연금과 퇴직연금으로 부족한 노후 생활비를 보충할 수 있다. 특히 퇴직연금이 없는 자영업자와 소상공인, 프리랜서 등의 직업군은 반드시 개인연금을 가입해 퇴직연금에 가입돼 있는 직장인보다 더 많은 금액을 납입해야 한다.

국가에서 연금 상품에 많은 세제 혜택을 주는 이유가 무엇일까? 국가가 개인들의 노후를 최소 수준 이상으로 책임질 수 없기 때문이다. 따라서 개인이 스스로 공적연금이나 퇴직연금으로 부족한 노후를 제대로 준비해야 한다. 경제적 활동기에 준비해 놓지 않으면 노후에 원치 않는 고된 일을 해야 하거나 자식들에 부담을 줄 수 있다. 지금 조금 생활이 빡빡하더라도 하루빨리 노후 준비를 시작하자.

그러면 어떤 상품으로 노후 준비를 하는 게 유리할까? 국가에서 세제 혜택을 많이 주는 개인연금 상품을 우선순위로 살펴보고 절세와 노후 준비의 두 마리 토끼를 한 번에 잡아보자.

개인연금, 가입만 해도 기본 수익률이 16.5%!

연금저축은 크게 연금저축신탁(은행, 현재는 가입할 수 없다), 연금저축보험(보험사), 연금저축펀드(증권사) 세 종류가 있다.

연간 최대 납입한도 400만 원까지, 연봉 5,500만 원 이하는 납입금액의 16.5%를, 5,500만 원 초과는 납입금액의 13.2%를 세액공제해 준다. 대신 연금을 받을 때 연령에 따라 연금소득세를 3.3~5.5%를 내지만 세액공제를 받는 혜택이 훨씬 더 크다. 만약 연간 400만 원 납입한도를 다 채웠다면 각각 66만 원과 52만 8,000원을 세액공제해 준다.

연금저축 납입만으로도 각각 연 16.5%와 연 13.2%의 수익률을 올릴 수 있고 상품을 운용하면 추가수익을 얻을 수도 있다. 단, 55세 이전에 해지하면 세액공제 받은 금액을 다 뱉어내야 하기 때문에 세액공제가 이득이라도 55세까지 유지할 수 있는 금액만 불입하는 게 유리하다.

연금 수령은 55세 이후부터 자유롭게 설정할 수 있으며 연금저축펀드는 연금 수령 시점부터 최대 20년간 나눠 받을 수 있고 연금저축보험은 다양한 방법으로 연금을 수령할 수 있다. 특히 사망할 때까지 나눠 받을 수 있는 종신형 지급 방법을 선택할 수 있다는 장점이 있다.

연금펀드, ETF 투자도 가능하다

연금저축펀드는 펀드에 투자해 수익을 내는 상품이고, 연금저축보험은 공시이율(정기예금 이율과 비슷)로 수익을 내는 상품이다. 사업비에서는 큰 차이가 있다. 연금저축펀드는 납입액의

1.5% 내외로 상품마다 약간의 차이가 있고 연금저축보험은 납입액의 7~9% 정도로 보험사마다 차이가 있다.

예를 들어 연금저축에 월 10만 원을 납입하는 조건으로 가입하면 연금저축펀드는 9만 8,500원이 적립금으로 투입되는데 연금보험은 9만 3,000원 정도가 투입된다. 이런 사업비 구조 때문에 연금저축펀드는 납입 첫 달부터 수익률이 좋으면 수익이 날 수 있지만 연금저축보험은 지금 공시이율로는 8~9년 정도 지나야 원금이 된다.

증권사를 통해 가입한 연금저축(연금계좌)은 펀드와 ETF로만 투자할 수 있다. 연금으로 ETF에 투자하는 경우 매달 일정 금액을 연금계좌에 이체한 후 직접 매수해야 하는 번거로움이 있다. 하지만 거래도 쉽고 수수료도 적어 개인투자자들에게 인기가 높다. 대체로 세계에서 거래량이 가장 많고 장기적으로 우상향하는 미국 지수를 추종하는 ETF 중 미국 S&P500나 나스닥100 종목 등이 인기가 많고 수익률도 좋은 편이다.

한 가지 팁은 ETF 이름 뒤에 TR(total return)이라는 약자가 붙은 상품이 장기 투자에 유리한 편이다. TR은 분배금을 지급하지 않고 이를 자동으로 원금에 재투자하는 방식이라 편하며, 배당금을 분배받지 않으므로 배당소득세를 내지 않아도 돼 세금이연효과에 따른 복리 혜택도 있다.

만일 연금 관리가 귀찮고 신경쓸 시간이 많지 않다면 퇴직연금TDF 상품도 있다. TDF(Target Date Fund)는 생애주기, 즉 은퇴시점(Target Date)에 맞춰 위험자산과 비위험자산의 비중이 자동으로 조절되는 펀드다. 가령 '내일증권전략배분 TDF2045' 상품이 있다면 2045년에 은퇴를 생각하고 있는 투자자에게 적합한 상품이다. 초기에는 공격적인 성향의 주식 비중을 높이고, 은퇴시점이 가까워지면 안정적인 채권의 비중을 높여가는 방식이다. 단 수수료가 높다는 단점이 있다.

연금저축펀드는 펀드에 투자하는 실적배당형 상품이기 때문에 최악의 경우 마이너스 수익률이 날 수 있는 반면, 연금저축보험은 납입 원금을 초과하면 명목금액으로는 마이너스가 발생하지 않으나 물가 상승에 따른 화폐 가치 하락 위험이 있다.

원금 손실에 극도로 예민한 성격이 아니라면 두 상품 중 연금저축펀드를 추천한다. 퇴직연금과 마찬가지로 20~30년 정도 운용하는 상품이기 때문에 리스크를 관리하면서 적극적으로 투자하면 연금을 받을 때 연금저축보험에서 얻을 수 있는 수익과는 비교가 안 되는 결과를 만들어낼 수 있기 때문이다.

보험사 투자형 연금, 사업비 줄이는 법

보험사에서 가입한 연금인 변액연금의 수익 구조는 장기 적립식 펀드로 이해해도 된다. 투자 결과에 따라 원금 손실을 볼 수도 있지만 투자 수익을 통해 인플레이션에 따른 화폐가치 하락을 보전하면서 연금액을 늘릴 수 있는 유일한 생명보험사 상품이다.

변액연금은 매월 불입하는 금액을 적립식으로 펀드에 투자한다. 채권 투자로 일정 부분 안정성을 확보하면서 주식형 펀드를 이용해 수익률을 극대화하여 시중 금리의 약 2배 이상의 수익을 올리기 위해 고안한 상품이다. 물가 상승에 따른 화폐가치의 하락에 대한 리스크를 피하기 위해 고안됐다.

사업비 많은 보험사의 연금보험 말고 주식이나 펀드 등으로 재테크를 잘해서 노후를 준비하면 되지 않냐고 반문하는 사람들도 있다. 사실 재테크로 돈을 모으기도 어렵지만 설사 돈을 모았다 하더라도 다른 데 쓰지 않고 오로지 노후 자금만을 위해 돈을 묶어 놓을 수 있는 사람은 많지 않다.

모든 보험사의 상품이 그러하듯이 변액연금도 사업비가 많다는 약점이 있어 많은 사람이 가입을 꺼린다. 그렇다고 해서 여러 장점이 있는 변액연금을 무조건 회피하는 것도 좋은 방법은 아니다. 변액연금의 약점인 사업비를 조금이라도 아끼려면 추가납입제도를 이용하면 된다. 보험 상품에 따라 추가 납입 금액이나 방법은 조금씩 다르지만 대부분 기본 보험료의 2배는 정기적으로 추가 납입할 수가 있다. 매월 정기적으로 내는 보험료의 사업비가 불입하는 보험료의 12% 내외인 데 반해 추가 납입 보험료는 2.5% 내외이거나 없기도 하므로 사업비를 많이 줄일 수 있다.

구체적인 방법으로는 먼저 필요한 연금액을 계산하고 그 연금액을 만들기 위해 적합한 월 납입 금액을 계산한다. 월 납입금을 30만 원으로 정했다면 3분의 1인 10만 원을 기본 계약으로 하고 매달 20만 원을 추가 납입하면 된다. 하지만 많은 사람이 연금 가입 시점에는 꼭 추가 납입을 하겠다고 다짐하지만 결국 흐지부지되는 경우가 많다. 실제로 현장에서는 추가 납입을 한다고 해놓고 실제로는 하지 않는 경우가 90% 이상이라고 한다. 어떠한 이유에서라도 납입 기간 안에 추가 납입을 하지 않으면 노후를 위해 필요한 자금을 목표대로 모으지 못한다. 추가 납입은 사업비를 줄여 수익률을 높이려는 고육지책이니 적당한 시기에 추가 납입하는 것을 놓치지 말자.

소득이 늘어나면 IRP로 추가 세액공제를

IRP도 세액공제를 받을 수 있다. IRP에 1년 동안 최대로 넣을 수 있는 금액은 700만 원으로, IRP만 가입할 때는 연금저축보다 세액공제 대상 금액이 많다. 하지만 연금저축과 함께 가입한다면 IRP와 합해서 700만 원까지 세액공제를 받을 수 있다. 예를 들어 연금저축에 연간 200만 원을 납입했다면 IRP는 500만 원까지만 세액공제를 받을 수 있다.

연금저축과 마찬가지로 연봉 5,500만 원 이하는 납입금액의 16.5%를, 5,500만 원 초과는 납입금액의 13.2%를 세액공제해 준다. 연금소득세는 연금저축과 동일하다. IRP만 가입할 경우 연간 700만 원 납입한도를 다 채웠다면 각각 115만 5,000원과 92만 4,000원을 세액공제해 준다. 연금저축과 마찬가지로 IRP에 납입하는 것만으로도 각각 연 16.5%와 연 13.2%의 수익률을 올릴 수 있고 상품의 운용 수익은 추가수익이다.

퇴직연금 부분에서 설명했듯이 IRP 납입금은 예금, RP, 펀드, 회사채, ETF 등 다양한 금융 상품에 비율을 나눠 저축하거나 투자할 수 있다. 예전에는 연금 상품에 납입만 하고 수익률을 높이려는 노력은 별로 하지 않았지만 요즘은 연금 재테크에 관심을 가지는 사람이 많이 늘었다. 실제로 연금 재테크를 통해 연금을 적극적으로 불리는 사람도 많으니 세액공제 받는 것만 신경 쓰지 말고 투자 상품에 대한 공부를 통해 연금을 적극적으로 불리기 바란다. 연금에 투입할 수 있는 돈이 적다면 가입 기간을 늘리고 수익률을 높이는 노력을 해야 한다.

오랜 시간 감당할 수 있는 금액을 넣어라

연금저축과 IRP는 세액공제 혜택이 크지만 55세까지 해지하지 않기 위해 오래 유지할 수 있는 금액만 납입해야 한다. 55세 이전에 해지하면 세액공제 받은 것을 다 토해내야 해서 중도에 해지하면 세액공제의 의미가 없어진다. 실제로 세액공제를 바라고 연금저축이나 IRP에 최대한도를 채워 돈을 넣었다가 소득이 줄거나 전세자금 인상 또는 내 집 마련 자금 때문에 중도에 해지하면서 낭패를 겪는 내담자들을 많이 봤다.

또 한 가지는, 세액공제는 소득공제와 달리 연말정산을 통해 낼 세금이 없거나, 세액공제 받을 수 있는 금액보다 낼 세금이 적으면 의미가 없거나 줄어든다. 예를 들어 연봉 5,500만 원 이하 근로자가 연간 400만 원을 연금저축이나 IRP에 납입하면 16.5%인 66만 원을 세액공제 받을 수 있다. 그런데 정산을 통

245

해 낼 세금이 20만 원이라면 20만 원만 공제받게 된다. 낼 세금이 없다면 공제받는 금액은 0원이다. 따라서 연금저축이나 IRP에 가입하기 전에 원천징수 영수증을 확인해 적절한 납입금액을 먼저 정하는 게 중요하다.

연금저축이나 IRP는 세액공제를 받을 수 있는 사람이, 즉 소득이 높은 사람이 가입해야 효과가 크다. 소득이 적으면 세액공제가 의미 없을 수도 있다. 2020년 소득기준으로 1인 가구 1,408만 원, 2인 가구 1,623만 원, 3인 가구 2,499만 원 이하라면 연말정산 서류를 제출하지 않아도 낼 세금이 없다. 보통 카드 사용액이나 보장성 보험료 등 기본적으로 정산 받을 수 있는 항목들을 더하면 연금저축이나 IRP 가입을 통해 세액공제 효과를 볼 수 있는 소득 기준은 더 올라갈 것이다. 따라서 위 기준 이하이거나 직장에 다니지 않아 연말정산이 필요치 않은 배우자 또는 경제적으로 넉넉하여 공제가 필요 없는 사람이라면 보험사의 투자형 연금인 변액연금으로 노후 준비를 할 수 있다.

부부의 연금, 둘로 나누어 가입하자

결혼한 부부는 연금 상품을 각자 가입할 필요가 있다. 가능한 납입액을 반으로 나눠 부부가 각각 가입하면 나중에 발생할지 모르는 리스크를 미연에 예방할 수 있다. 극단적인 에이지만 계약에 따라서는 연금을 소유한 배우자가 연금을 지급받기 전에 사망하면 유족에게 일시금으로 지급되고 남은 배우자는 연금을 받을 수 없다. 그렇게 되면 사망할 때까지 연금으로 지급받고자 했던 처음 계획에 차질이 생긴다. 또한 부부가 이혼할 경우 연금을 소유하지 못한 배우자는 다시 새롭게 연금에 가입해야 한다. 애초에 연금 상품을 각각 하나씩 나누어 가입하면 이런 경우에도 대비할 수 있다.

연금을 받는 시기도 나눌 필요가 있다. 일반적으로 국민연금이나 기타 공적 연금 등의 연금 지급 시기가 65세 무렵으로 일반적인 퇴직 시기보다 더 늦다. 때문에 한 개는 매월 고정적인 수입이 끊겨 경제적으로 어려워질 가능성이 높은 55세나 60세부터 지급받아 가교연금으로 사용하고, 다른 하나는 70세부터 지급받을 수 있게 만들어 놓으면 조금이라도 더 많은 노후 자금을 만들 수 있다.

매월 같은 돈을 불입하더라도 최초 연금 가입 시점과 연금 수령 시기까지 기간이 길면 길수록 연금을 많이 받을 수 있다. 다른 노후 준비 수단까지 면밀히 검토하여 연금의 지급 시기를 계획하는 것은 아주 중요하다.

| 연금 |

나이 들면
공무원이 제일 부럽다고?

회사에서 국민연금을 내지만 그래도 개인연금은 가입해야 할 것 같다. 젊을 때 조금씩이라도 모으면 늙어서 큰 힘이 될 테니. 세액공제를 받을 수 있는 상품도 있고 인플레이션에 대응할 수 있는 상품도 있다고 한다. 이 선생님, 저는 어떤 연금 상품에 가입하면 좋을까요? 돈은 많지 않지만 꾸준히 불입할 자신은 있습니다.

이 선생님의 재테크 과외

1 | 연금은 강제 저축이 가능한 상품이 좋습니다. 중간에 해약하면 큰 손해를 보기 때문에 아까워서 계속 붓다 보면 덩어리가 커지는 순간이 옵니다. 금액은 회사를 3개월 정도 쉬더라도 납입하는 데 큰 어려움이 없을 정도가 적당합니다.

2 | 김 대리에게는 연말정산할 때 세액공제를 받을 수 있는 증권사의 연금저축펀드에 매달 20만 원을 납입하는 조건으로 가입하기를 추천합니다. 연금저축은 과일 바구니와 같기 때문에 한 개의 펀드만 골라 담을 필요는 없습니다. 2~3개 정도를 골라 담아 각각의 펀드에 투입 비율을 정하면 비율대

로 알아서 투입이 됩니다.

3 | 최소한 55세까지는 일을 할 테니 연금 지급 시기는 55세로 지정하고, 나중에 더 오래 일하면 연금 지급 시기를 연장하면 됩니다.

4 | 연금저축펀드는 연말정산할 때 세액공제를 받을 수 있습니다. 김 대리와 같은 연봉 5,500만 원 이하인 사람은 1년 동안 불입한 금액의 16.5%를 세액공제받을 수 있습니다. 연 240만 원을 불입하는 김 대리는 39만 6,000원을 세액공제 받게 됩니다. 연말정산 때 꼭 잘 챙기세요.

5 | 만약 55세 이전에 해지하면 세액공제 받은 환급금을 다 토해내야 할 수 있습니다. 실제로 돈을 내야 하는 건 아니지만 해지할 때 그만큼을 제하고 주니까 토해내는 것과 마찬가지입니다. 꼭 55세 이후에 연금으로 받을 정도만 연금저축펀드에 넣어야 한다는 점 잊지 마세요.

···

연금저축펀드는 지난번 펀드를 가입했던 매일증권을 다시 방문해서 좋은 상품을 추천받아 매달 20만 원씩 5년 이상 불입하고 55세 이후에 연금을 받는 조건으로 가입했다.

이렇게 선생님의 조언을 따라 내게 꼭 맞는 7개의 재무 포트폴리오를 마련하니 나의 미래에 아스팔트 도로가 깔린 것 같아 마음이 든든하다. 물론 중요한 것은 실천이다. 열심히 일을 해 돈을 벌고 가입한 상품들에 매달 꾸준히 돈을 넣는 것, 그것이 진정한 재테크의 시작이자 끝이다.

그리고 5년 후

월급 들어오면 돈 쓸 궁리만 하며 살던 나. 선생님의 조언대로 월급 230만
원과 종잣돈 500만 원을 7개의 통장에 분산해서 꾸준히 넣었다.

월급 230만 원 중 생활비 70만 원을 뗀 나머지를 다음과 같이 나눠 넣었다.
내 집 마련을 위해 주택청약종합저축에 10만 원, 적금에 51만 원, 적립식 펀
드에 60만 원, 실손의료비보험과 건강종합보험에 9만 원, 연금저축펀드에
20만 원을 나눠 넣었다. 매일은행에서 자동으로 인출되는 거라 월급이 들
어오면 알아서 쑥쑥 빠지게 해놓았다. 생활비와 용돈이 적어 힘들지 않을까
걱정했는데 6개월쯤 지난 지금 생활비 80만 원으로 아껴가며 잘살고 있다.

수입		지출	
		생활비 및 용돈	80만 원
		정기적금	51만 원
		주택청약종합저축	10만 원
월급	230만 원	적립식 펀드	60만 원
		실손의료비보험 ·건강종합보험	9만 원
		연금저축펀드	20만 원
계	230만 원		230만 원

그리고 어머니가 비상금으로 주신 500만 원은 혹시 모를 비상 자금을 위해 CMA에 200만 원, 내 종잣돈의 굳건한 뼈대가 될 정기예금에 200만 원, 그리고 거치식 펀드에 100만 원을 넣어두었다. 통장들아, 저금리이긴 하지만 당분간 내가 큰 신경은 쓰지 않더라도 부지런히 움직여 몸을 불리고 있거라.

자산		
부동산	전세 보증금	5,000만 원
부동산 자산 계		5,000만 원
금융자산	CMA	200만 원
	정기예금	200만 원
	거치식 펀드	100만 원
금융자산 계		500만 원
자산 총계		5,500만 원

이 과정을 통해 5년 후 내 돈은 얼마나 불어날까? 선생님께서 동기부여가 되도록 시뮬레이션 결과물을 보내주셨다.

먼저 보험료는 저축의 개념으로 생각하지 않기 때문에 5년 후에도 자산은 0이다. 펀드 수익률은 연 6%로 계산했고, 예금·적금 금리도 평균 수준으로 낮게 잡았다고 한다. 매년 10만 원씩 임금 인상이 된다고 예상했고 상여금 200% 중에 50%는 여행자금으로, 50%는 임금 인상분에 더해 예금·적금에 넣었다. 이렇게 하면 보험료를 제외해도 1억 2,440만 원의 목돈을 마련할 수 있다니. 이 금액에서 청약이나 연금을 빼더라도 전세보증금 5,000만 원과 목돈 약 1억 360만 원을 더해서 결혼자금으로 사용할 수 있을 것이다.

시뮬레이션 결과를 보고 있으니 5년 동안 돈을 다른 데 쓰고 싶어도 쓸 수 없을 것 같다. 열심히 아껴서 모으면 결혼하고 싶은 짝을 만나 당당하게 "우리 결혼할까요?"라고 프러포즈할 수 있으리라.

이천 선생님 감사합니다! 결혼할 때 여자친구와 함께 선생님을 찾아가 커플리치가 될 수 있는 재무 설계를 다시 받겠습니다.

부동산	전세 보증금	5,000만 원
부동산 자산 계		**5,000만 원**
금융자산	CMA (비상 예비 자금)	200만 원
	CMA 2 (취미 및 여행자금)	200만 원
	예금+ 적금	5,400만 원
	주택청약종합저축	600만 원
	펀드	4,560만 원
	연금저축펀드	1,480만 원
	실손의료비보험·건강종합보험	−
금융자산 계		**1억 2,440만 원**
합계		**1억 7,440만 원**

나이별 · 상황별
실전 통장 구성법

2부

5

마흔의
재무 관리법

신입 사원의
월급 관리법

"20대 새내기 직장인입니다. 월급은 220만 원
정도 받고 있는데 생활비, 용돈을 제외하고 한
달에 약 120만 원 정도를 저축하려고 합니다.
이 돈을 잘 불리고 싶은데 7개의 통장에 어떻
게 분산하면 좋을지, 어느 정도 비율로 나누면
좋을지 궁금합니다."

　　취직을 하니 회사 생활에 적응하기 바쁘고 그동안 억눌렸던
소비 욕구도 하늘을 찌른다. 어영부영 카드값을 결제하고 나면

수중에 돈이 없어 쩔쩔매다가 또 한 달을 카드로 산다. 이렇게 살면 안 될 것 같다는 생각이 들고 3~4년 후에는 결혼도 해야 해서 주변에서 권하는 대로 금융상품에 가입했지만 자세히 따져보니 왠지 쓸데없는 통장만 한가득이다!

월급통장부터 만들자

회사에 입사하면 제일 먼저 총무팀이나 인사팀에서 월급통장으로 사용할 수 있는 수시입출금통장을 제출하라고 한다. 회사에서 은행을 지정해 계좌를 개설하도록 하는 회사도 있고, 본인이 직접 통장을 만들어서 회사에 통장 사본을 제출하게 하는 회사도 있다.

월급통장은 이자보다는 이체나 송금할 때 수수료 면제 혜택을 주는 상품을 고르는 것이 좋다. 보통 지정일에 50만 원 이상의 급여가 정기적으로 이체되면 최소 10회 이상 수수료 면제 혜택을 준다. 한 번 월급통장을 만들면 대부분 평생 기본 통장으로 사용한다.

인터넷뱅킹으로 은행 업무를 많이 보지만 크고 작은 이유로 살다 보면 지점에 가서 처리할 일들이 생긴다. 최근 은행 점포들도 사라지는 추세라 은행 가는 일이 예전처럼 쉽지 않아졌다. 시중 은행에서 대부분 월급통장 상품을 출시했으니 생활 반경과 가까운 곳에 있는 지점으로 통장을 만드는 것을 추천한다. 카카오뱅크 같은 인터넷 은행도 좋지만 나중에 대출받을 일을 고려하여 시중 은행에서 월급통장을 만들 것을 권한다.

비상금·예비자금 용도로 필요한 CMA 통장

급여 220만 원 중 120만 원을 저축하면 모든 돈이 금융 자산에 묶이게 된다. 살다 보면 이직 등의 이유로 급여가 없어지거나 갑자기 목돈이 필요할 때가 있다. 이럴 때 이미 가입한 적금 등을 해약하면 손해를 볼 수 있다.

보통 생활비의 3~6배를 비상금으로 확보하라고 이야기하지만 많이 만들어 놓으면 종종 다 써버리는 사람들도 있으니 매달 20만 원씩 따로 모아 200만 원 정도는 비상금, 예비자금으로 확보하자.

CMA를 만들어 사용하면 금액의 크기에 상관없이 하루만 맡겨도 연 0.35% 내외의 이자를 챙길 수 있다. CMA 금리는 한국은행 기준금리에 따라 변동한다. 지금은 한국은행의 기준금

리가 많이 내려와 시중 은행의 수시입출금통장에 비해 금리 매력이 다소 떨어졌지만 기준금리가 다시 상승하면 금리 매력도 덩달아 올라갈 것이다.

보장성 보험 가입은 필수다

아무리 건강한 20대라도 살다 보면 질병이나 상해에 노출될 수 있다. 치료를 위해 목돈이 들면 지금까지 저축한 돈을 깨야 한다. 설상가상으로 고액의 치료비가 들어 저축한 돈으로 해결하지 못하면 빚을 지거나 돈이 없어 치료를 못 받을 수도 있다. 누구에게 이런 일이 닥칠지 아무도 모른다.

모든 저축이나 투자 이전에 위험 보장 대책 마련은 필수다. 미혼의 20대에게는 질병이나 상해 치료비를 집중 보장하는 실손의료비보험과 손해보험사의 건강종합보험을 함께 가입하는 게 비용이 적게 들면서 가장 효과가 크다. 직업이나 직무의 위험 정도에 따라 보험료 차이가 있지만 실손의료비보험료와 건강종합보험료를 합해 여성은 월 6~7만 원 정도, 남성은 월 8~9만 원 정도면 적당하다. 미혼에게 이것보다 많은 보장성 보험은 필요 없다.

잘 가입한 보장성 보험은 해지하지 않기 때문에 해지환급금에 신경 쓸 필요도 없다. 따라서 해지환급금 없이 보험료가 적은 게 유리하다. 보장성 보험은 저축이 아닌 비용이니 저비용·고효율로 가입해야 한다는 점을 항상 기억하자.

저축은 1(청약) : 4(적금) : 4(펀드) : 1(연금) 비중으로

월세로 살고 있다면 주거 비용이 꽤 발생한다. 전세나 청년전세임대주택 등으로 옮길 계획을 세우고 돈을 모으자. 청년전세임대주택이나 훗날 신혼부부를 위한 장기전세주택에 청약하려면, 또는 미래에 집을 살 계획이라면 청약통장이 필요하다.

시중 은행에서 청약통장을 만들어 월 10만 원씩 2년간 넣자.

어떤 상황에서도 기반을 잡아줄 목돈을 마련해야 한다. 이때 중간에 예금이나 적금을 해약하거나 펀드의 수익률이 마이너스면 난감한 상황에 빠지게 된다. 따라서 50만 원은 1년 만기로 은행 적금에 가입하자. 금융감독원에서 관리하는 '금융상품한눈에(http://finlife.fss.or.kr)' 사이트에 들어가 보면 최고 금리를 주는 금융 회사를 찾을 수 있다. 비교해보고 가장 유리한 금융 회사를 이용하자.

이제 남은 목표는 목적 자금을 준비하는 것이다. 미혼의 남녀에게 가장 큰 목적 자금은 대부분 결혼 자금이다. 아직 20대이고 빨라도 4~5년 후에나 결혼할 테니 모은 돈을 현금화시키는 데 시간 여유가 있으므로 적립식 펀드를 추천한다. 만일 결혼 생각이 없다면 그 기간 동안 종잣돈을 모으면 된다. 월 50만 원씩 적립식 펀드를 통해 종잣돈을 만들자.

펀드 하나에만 투자하지 말고 돈을 나누어 분산 투자하기를 권한다. 성격이 다른 해외 펀드 3개와 국내 펀드 2개를 각각 10만 원씩 납입하는 조건으로 가입하자. 기본적인 투자 대상을 예시했지만 펀드는 종류가 많으므로 관심 있는 지역이나 전기차, 반도체 등 특정 산업에 관심이 있다면 관련 펀드에 투자하면 된다. 펀드 평가 회사 사이트에 들어가서 과거 3년 정도의 운용 성적을 감안해서 좋은 펀드를 고르면 무난하다.

투자에 대한 공부를 계속하면서 펀드 투자에 익숙해지면 그 다음 단계로 ETF나 주식 투자도 함께하면서 수익률을 더 높일 수 있는 방법을 찾아보자. 투자에 대한 경험은 가능하면 사회 초년생 때 해보는 게 바람직하다. 이후에 소득이 늘어났을 때 자산 관리를 잘하는 디딤돌이 된다.

나머지 10만 원은 연금저축펀드에 가입해 세액공제를 받으면서 노후를 준비한다. 만약 세액공제를 받을 수 있는 연봉이 안 된다면 보험사의 변액연금에 가입해도 된다. 신입사원들에게 노후 준비를 시작하라고 하면 잘 와닿지 않을 것이다. 하지만 노후 자금은 다른 어떤 자금보다 규모가 크기 때문에 경제적인 활동을 한다면 반드시 소득의 일정 부분을 떼어내 준비해야 하는 자금이다. 20~30년 벌어서 소득 없는 40~50년을 살아야 하기 때문이다.

노후 자금은 '3더' 원칙을 반드시 기억하자. 더 빨리 시작하거나 더 많이 넣거나 더 수익률을 높여야 한다. 이 중에 우리가 확실하게 통제할 수 있는 것은 더 빨리 시작하는 것뿐이다.

주식 투자의 대가인 워런 버핏은 돈을 모으는 것이 눈덩이를 언덕 아래로 굴리는 것과 비슷하다며 '스노볼'이라는 개념을 이야기했다. 오래 굴릴수록, 덩이가 클수록 눈덩이에 묻는 눈의

양은 많아진다. 큰돈을 버는 것이 쉽지 않은 대부분의 사람은 스노볼 효과를 믿고 조금이라도 긴 언덕 위에서 시작하는 게 유리하다. 누군가 수박을 한 바퀴 굴릴 때 콩만 한 돈이라도 여러 번 미리 굴리면 가능하다.

결혼하고 나면 집도 장만해야 하고, 자녀 교육도 시키는 등 직장생활 하는 내내 돈 쓸 일이 많다. 20대라면 아직 시간 자산이 풍부한 때다. 까마득하지만 언젠가 반드시 급하게 달려오는 노후를 위해 조금이라도 빨리 준비를 시작해야 나중에 후회하지 않는다.

싱글 프리랜서의
목돈 관리법

"40대 초반 프리랜서입니다. 비혼이고 앞으로도 결혼할 계획은 없습니다. 강사로 활동하고 있는데 강의가 많을 때는 풍족하게 살다가 비수기가 되면 돈이 말라 곤란을 겪습니다. 2020년부터 이어지는 코로나19 사태로 대면 강의가 많이 줄어 종합소득신고를 하다 보니 평소 수준의 절반도 안 되는 3,000만 원 조금 넘게 벌었더군요. 강사로 자리 잡은 이후로 최악의 소득입니다.

강사라는 직업이 월급쟁이가 아니라 4대 보험도 안 되고, 성수기 때 들어오는 목돈을 나누어 잘 관리해야 하는데 돈 관리는 쉽지 않습니다. 이번 코로나19 사태로 계속 강의 취소 전화를 받으면서 미래에 대한 두려움이 커졌습니다."

수입이 일정하지 않으니 정기적인 저축이 어렵다. 돈 관리가 안 되다 보니 항상 연 0.1%의 이자만 주는, 집에서 제일 가까운 은행의 수시입출금통장에 돈을 묵히고 있다. 정규직이 아니기 때문에 혹시 수입이 끊기면 어떻게 하나 항상 스트레스를 받는다. 그러다 보니 저축이나 투자는 꿈도 못 꾼다. 아! 앞날이 너무 불안하다.

불규칙한 수입을 관리하는 데 딱, CMA 통장

집에서 가까운 은행이 능사가 아니다. 인터넷 뱅킹만 잘 이용해도 불편하지 않게 소득을 잘 관리할 수 있다. 성수기와 비수기에 수입 차이가 워낙 많이 나고 성수기에는 강사료가 수시로 입금되기 때문에 은행의 수시입출금통장보다는 매일 이자를 주는 CMA 통장이 유리하다. CMA 통장 2개를 만들어서 하나는 생활비나 기타 자동이체통장으로 활용하고, 다른 하나는 예비자금으로 활용하자.

수입이 일정하지 않고 일이 오래 끊길 수도 있으므로 반드시 예비 생활비를 마련해 놓아야 한다. 보통의 미혼보다 넉넉하게 500만 원 정도를 비상예비자금으로 확보해 놓길 바란다. 최소

3개월간 수입이 없을 때를 대비한 생활비다.

혼자의 삶을 단단하게 지켜가는 법

직접 운전해서 멀리 이동하고 서서 강의를 하는 직업이기에 건강 관리가 최우선이다. 직장인들처럼 월차, 휴가도 없고 4대 보험도 안 되는 상황에서 아프거나 다치면 큰일이다. 다른 어떤 직업을 가진 사람들보다도 위험 보장 대책 마련은 필수다.

질병이나 상해에 대비해 실손의료비보험과 손해보험사의 건강종합보험에 가입하자. 이미 보장성 보험에 가입해 있다면 가입한 보험의 보장 내용을 다시 한번 따져보자.

독신은 사망보장이 큰 의미가 없다. 종신보험처럼 사망 위주로 구성된 보험에 가입하고 있다면 과감하게 해지하고 다치거나 아플 때 병원비와 진단금을 받을 수 있는 실손의료비와 건강종합보험 위주의 보험으로 갈아타자. 그래야 비용도 적게 들고 사고가 났을 때 실질적인 보장 혜택을 받을 수 있다.

종신보험을 해약할 때 해약환급금으로 손해 보는 것에 민감해하지 말자. 어차피 죽지 않으면 나오지 않는 돈이다. 종신보험은 만기도 없지만 만기에 준다고 해도 미래 화폐가치를 감안

하면 별로 의미가 없다. 위험한 일을 하지 않는 40대 초반 여성이라면 보험료는 실손의료비보험과 건강종합보험을 합해 월 9만 원 정도면 적당하다.

싱글, 집안의 지갑이 될 수 있다

프리랜서처럼 수입이 일정하지 않은 경우 저축이나 투자를 하는 것이 부담스러울 수 있다. 그러다 보니 이자도 거의 없는 은행의 수시입출금통장에 주로 돈을 쌓아 놓고 있다가 필요할 때 족족 빼 쓴다. 이렇게 하면 목돈을 모을 수가 없다.

또 싱글은 취향이 확고하고, 자신을 위한 소비에 관대하여 지출이 많다. 그뿐 아니라 지인들 축의금부터 조카 선물, 부모님 병원비까지, 혼자 살아서 돈이 많을 거란 주위의 편견 때문에 집안의 지갑이 되는 경우도 많다. 기분 내며 여기저기 한턱내지 말고 영양가 없는 교제나 모임은 줄이자. 가족과 형제끼리도 돈 문제는 명확하게 선을 그어 나눠 내도록 한다.

독신 프리랜서는 독립하여 사는 사람들이 많은데, 불가피한 경우가 아니라면 조금 불편하더라도 돈을 충분히 모으기 전까지는 독립을 가능하면 늦추는 것이 좋다.

대부분 독립하는 순간 고정 지출이 늘고 저축률은 확 떨어진다. 월세 등의 주거비용과 먹는 데 쓰는 돈이 꽤 많이 들어간다. 처음에는 돈을 아끼려고 직접 해 먹기도 하지만 어느 순간 귀찮아지면서 배달이나 외식이 다반사가 된다. 그러다 보면 가뜩이나 적은 저축이 더 쪼그라든다. 먼저 저축에 돈을 묶어두고 남는 돈으로 생활하는 습관을 들여야 한다.

특히 프리랜서는 직업의 특성상 고려해야 할 것이 있다. 회의나 강연을 위해 전국 방방곡곡을 다니고 대중교통으로 갈 수 없는 곳에도 가야 하니 자가용이 필요하다. 유류비를 포함한 자동차 유지비나 기차, 고속버스로 이동하는 교통비를 충당하려면 최소 월평균 300만 원 정도의 소득을 올려야 한다. 그런데 소득이 성수기와 비수기를 오가며 들쑥날쑥하기 때문에 저축하기가 상당히 어렵다. 이럴 때는 월 평균 수입을 300만 원으로 가정하고 최소한 월 150만 원은 미래를 대비해 강제 저축하자.

또 프리랜서는 꾸준히 자신의 실력을 업그레이드해야 한다. 따라서 트렌드에 맞춰 새로운 준비를 하거나 공부를 하기 위해 업무에 공백 기간이 생길 수도 있다. 이 기간 동안은 수입이 줄고 지출이 늘기 때문에 이에 대비해야 한다. 게다가 독신으로 살 계획이라면 잘 벌 때 남들보다 빨리 노후 대비까지 열심히 해놓아야 한다.

저축은 1(청약) : 3(적금) : 3(펀드) : 3(연금) 비중으로

독립해서 산다면 주거비용이 많이 든다. 가급적 안전한 지역과 보안이 잘 된 집을 골라야 하기 때문에 주거비용은 점점 더 상승한다. 자산 관리를 하겠다고 마음먹었으면 내 집 마련을 목표로 월 10만 원씩 불입하는 조건으로 주택청약종합저축에 가입하자.

내 집을 마련하기 전까지는 2년마다 재계약할 때 목돈이 필요할 수 있다. 월 45만 원은 적금에 가입하여 단기 자금이 필요

할 때를 대비해야 한다. 단위 농협, 신협, 새마을금고 등에서 가입할 수 있는, 이자 소득세를 1.4%만 내는 저율과세 상품을 먼저 찾아보자. 시중 은행보다 연 0.5~1% 정도 금리가 높은 상품을 찾을 수 있을 것이다.

매달 45만 원은 적립식 펀드에 가입하자. 국내 펀드에 15만 원, 해외 펀드에 30만 원씩 가입하는 것을 권한다. 불안정한 수입 때문에 정기 저축을 망설였다면 적립식 펀드가 적격이다. 수입이 단기적으로 줄어들어 저축을 하기 힘든 달에는 납입을 안 해도 문제가 없기 때문이다. 적립식 펀드는 가능하면 매달 불입하는 게 좋지만 상황에 따라 납입의 유연성이 있으므로 처음부터 저축을 포기하지 말자.

45만 원은 연금저축펀드와 IRP에 나눠서 가입하자. 개인연금에 45만 원을 불입해도 노후 자금으로 충분하진 않지만 45만 원씩 꾸준히 불입하다가 여유가 생기면 연금저축펀드와 IRP를 합해 세액공제 최대 납입한도인 연간 700만 원을 채우자. 매년 5월에 종합소득신고할 때 세액공제를 받으면 추가 수익도 가능하다.

싱글 프리랜서는 오롯이 혼자의 힘으로 노후를 책임져야 하기 때문에 가능하면 한 살이라도 젊을 때 노후에 대한 준비를 하는 것이 좋다. 수입을 지속적으로 만들어낼 수 있으면 좋겠지만 그러지 못할 수 있으므로 할 수 있을 때 자산을 점검해 제대로 시작해보자.

CASE | 3

부부의
지혜로운 돈 관리법

"결혼한 후 남편과 서로 갖고 있는 통장을 꺼내 보았습니다. 수시입출금, 적금, 펀드, 청약, 보험…… 등 갖고 있는 상품 종류는 비슷하더군요. 남편도 저도 청약통장을 갖고 있고 둘 다 종신보험에 가입하고 있습니다. 2년 정도 돈을 모아 아파트를 장만하고 싶습니다. 남편은 회사를 다니고 저는 초등학교 교사로 일하고 있는데 연금은 걱정 안 해도 될까요? 그리고 혹시 몰라 따로 비자금도 만들고 싶은데 어떻게 가능할까요?"

결혼한 뒤 기존에 각자 가입했던 금융 상품을 어떻게 관리해야 할지 모르겠다. 앞으로 집도 사야 하고, 아이도 낳아 키워야 하고, 노후 준비도 해야 하는데, 어떻게 하면 좋을지 통 모르겠다. 에이, 공동 생활비 반씩 내고 결혼 전처럼 각자 번 돈을 따로 관리하자고 할까?

함께 인생 설계도부터 그리자

신혼부부라면 하루 시간을 내서 각자 가진 모든 통장을 꺼내 놓자. 그리고 부부의 인생 설계를 그려보자. 살면서 주택 구입, 부채 상환, 자녀 출산 및 교육, 노후 등 반드시 발생하고 돈이 필요한 목표들을 적어보고 어떻게 준비할지 상의해보는 것이다. 인생을 설계해보는 것만으로도 큰 의미가 있고 경제적으로도 빨리 안정을 찾을 수 있다. 이 과정을 실행한 부부와 하지 않은 부부의 10년 후는 크게 차이 날 것이다.

신혼부부는 여태까지 각자 생활해왔고 살림을 안 해봤기 때문에 월 생활비로 얼마나 들어가고, 어떤 것에서 지출이 발생할지 잘 모른다. 먼저 가계부를 쓰면서 지출을 기록하자. 또 신혼 생활의 달콤함에 젖어 과소비를 하는 경우가 많기 때문에 카드 대금 결제에 신경 써야 한다.

결혼 후 첫 월급부터는 수입의 60%를 저축하겠다는 마음으로 신혼 생활을 시작하자. 아이를 낳기 전까지가 저축을 가장 많이 할 수 있는 시간이다. 10년만 애쓰면 10년 후에는 더 여유로운 삶을 살 수 있다. 경제적으로 타이트한 결혼 생활을 시작해 멋지게 인생을 꾸려나가자.

돈에 대해 솔직하게 터놓자

부부는 경제적인 문제에 관해 솔직해야 결혼 생활을 잘 유지할 수 있다. 결혼 전에 부채가 있다거나 결혼 비용을 마련하며 대출을 받았다면 정확한 액수와 상환 방법에 대해 설명해야 한다. 이런 상황을 숨기고 있다가 시간이 흐른 뒤 배우자가 알게 되면 신뢰를 잃을 수 있고 잦은 부부 싸움의 원인이 되기도 한다. 극단적인 이야기이지만 빚을 숨기고 결혼했다면 사기 결혼이 될 수도 있다. 돈 관련 문제는 투명하게 공개하고 서로 상의해나가야 한다.

가계부 작성 및 결산도 부부가 함께 쓰고 관리하는 습관을 들이도록 한다. 양가에 지출하는 효도 비용이나 선물 비용 등은 서로 상의해서 양가의 형편에 맞게 금액을 결정하자.

살다 보면 상대방이 모르는 금전적인 지출이 생길 수도 있다. 하지만 이 역시 모두 배우자에게 반드시 알리고 함께 해결 방법을 찾아야 한다. 그렇지 않고 그 상황만 모면하려고 피하거나 거짓말을 하면 '호미로 막을 것을 가래로 막는' 일이 생길 수 있다.

금융 상품 리모델링하기

결혼을 하고 나면 여태까지 따로 관리하던 금융 상품을 하나로 모아 효율적으로 관리해야 한다. 그렇지 않으면 나도 모르게 돈이 새어 나간다. 포트폴리오가 제대로 구성돼 있지 않으면 비효율적인 저축과 투자가 이뤄질 수도 있다.

1 | 보험

보험은 자녀를 낳기 전까지는 두 사람의 치료비 위주로 실손의료비보험과 건강종합보험으로 갈아타는 것이 좋다. 특히 부부 둘 중 경제적 가장이 아닌 사람의 사망에 대한 보장이 클 필요는 없다.

부부의 보장성 보험료는 자녀를 낳기 전까지 월 16만 원 내외면 충분하다. 그 이상은 낭비다. 아이가 생기면 가장의 정기보험을 추가로 가입하는 것이 좋다. 가능한 보험료를 줄여서 다른 목표를 위해 효율성 있게 저축하길 바란다.

2 | 청약

청약통장도 효율적으로 구성해야 한다. 먼저 언제, 어디서, 어떤 크기의 주택에 살고 싶은지 생각해보자. 목표가 정해지면 그 목적에 맞는 통장을 유지하거나 신규로 가입해야 한다.

신혼집을 구할 때 자산이 많지 않아 대출을 받아야 한다면 무리한 대출은 말리고 싶다. 형편이 되지 않는데 남들처럼 30 평대 아파트에서 시작하려고 무리하기보다 작은 집에서 시작해 살림 키우는 재미를 느껴가며 사는 것은 어떨까? 모아둔 돈이 많지 않다면 청약통장을 활용해 신혼부부에게 우선권을 주는 장기전세주택이나 행복주택 같은 임대주택을 노려보자. 만약 청약통장이 없는 부부라면 부부 중 세대주가 주택청약종합저축에 가입한 뒤 월 10만 원씩 불입해 1순위 요건을 만들면서 소득공제도 받자.

신혼 때는 주택에 대한 비용을 최소한으로 줄이고, 살면서 돈을 충분히 모은 뒤 적절한 부채를 일으켜 주택을 구입하는 것을 권한다.

3 | 투자

펀드도 동일한 지역, 동일한 유형과 스타일에 투자하지 말고 포트폴리오를 조정해 분산 투자를 해보자. 부부의 소득을 고려해 합리적인 불입액을 산출하여 조정하는 것이 좋다. 또 한쪽이 주식투자를 하고 있다면 수익률과 매매 내역을 공유해야 한다. 그러지 않다가 급락장에서 큰 손해를 보면 부부간에 불화가 발생할 수 있다.

4 | 연금

연금 상품도 두 사람이 합치면 너무 많을 수도 있고 적을 수도 있다. 연금 상품에 대한 투자는 신혼부부의 경우 전체 저축액의 10% 정도가 적절하다. 이 범위를 벗어났다면 월 불입액을 범위 안으로 조정하자.

자녀를 낳기 전까지 최대한 저축, 또 저축하라

맞벌이 부부라면 결혼 직후부터 자녀를 낳기 전까지가 소득 대비 저축률을 최고로 높일 수 있는 시기다. 이때 현명한 소비 지출로 저축을 많이 하는 부부와 그렇지 못한 부부의 차이는 한 가정의 평생 부를 좌우한다.

쓸데없는 소비 지출을 통제해서 부부가 버는 돈의 50~70%는 반드시 저축을 해야 한다. 이 시기에는 부부가 많이 벌고 있고 앞으로도 계속 많이 벌 거라는 자신감이 충만한 시기라 소비 지출이 많아질 수 있다. 두 사람이 일을 하지만 제대로 계획을 세워 관리하지 않으면 외벌이 가정보다 저축을 못 할 수도 있다. 짜임새 있는 계획 수립과 철저한 관리가 필요하다.

아이를 갖게 되면 출산 준비 비용, 출산 비용, 자녀 양육비용 등이 들기 시작한다. 동시에 출산으로 인해 수입이 감소하거나 중단되기도 한다. 출산 후 다시 일을 시작해도 양가 부모님이 아이를 돌봐주지 않는 한 과도한 양육비용에 시달릴 수 있다. 일하는 동안 한 사람의 수입이 자녀를 돌보는 양육비용으로 모두 들어갈 수도 있다. 그렇게 되면 부부가 모두 맞벌이로 고생만 하고 돈은 모으지 못하는 이중고를 겪는다.

많이 내고 덜 받는 연금 구조, 공무원도 예외 없다

이미 공적 연금인 4대 연금 중 국민연금을 제외하고는 기금이 바닥을 드러냈거나 머지않아 고갈이 예상되는 상황이다. 앞으로 모든 공적 연금이 '많이 내고 덜 받고 늦게 받는' 구조로 바뀔 가능성이 높다. 따라서 공무원이라 할지라도 노후 자금의 일부는 개인연금으로 준비해야 노후가 안전하다. 공적 연금에 대한 미래의 리스크를 감안해서 적극적으로 노후 준비를 해나가야 한다.

절세 상품을 적극적으로 활용하자. 단기 목적 자금을 위한 예금·적금은 이자 소득에 대해 1.4%의 농특세로 저율과세하는 상품을 적극 활용한다. 내 집 마련을 위한 주택청약종합저축은 무주택 세대주면 소득공제가 가능하다. 국내 주식형 펀드는 주식의 거래 차익에 대해서는 과세하지 않으므로 세금이 거의 없다. 노후 준비를 위한 연금저축펀드나 IRP는 연말정산할 때 납입 금액의 16.5%(총급여 5,500만 원 이하인 경우)를 세액공제 받을 수 있고, 변액연금은 10년이 지나면 수익에 대해 비과세다. 이런 절세 혜택을 잘 챙겨서 눈에 보이지 않는 이익으로 자산을 잘 불려 나가자.

비자금, 적절한 규모는 따로 관리하자

살다 보면 배우자가 몰랐으면 하는 지출들이 있다. 음성적인 지출을 말하는 것이 아니다. 결혼해서 본가의 가족들에게 필요할 때 재량껏 도움을 주거나 고마움을 표하고 싶을 때 생기는 지출이다. 양가에 공평하게 하면 문제가 안 되겠지만 양가의 경제 사정이 늘 똑같지 않기에 한쪽만 신경을 써야 할 때는 배우자가 신경이 쓰일 수 있다. 또 꼭 필요하진 않아도 사고 싶은 것이 있거나 직장생활을 하다 보면 지출해야 할 일이 생긴다. 그럴 때 배우자에게 군이 이야기하고 싶지 않은 지출을 해결할 수 있는 통장이 필요하다.

각자의 월급에서 일정 부분을 떼어 비자금을 만드는 것은 바람직하지 않다. 대신 자신의 용돈을 아껴서 모은 나만의 통장이라면 괜찮다. 어느 날 이 통장으로 배우자에게 기쁨을 주는 깜짝 선물을 할 수도 있다. 물론 이런 통장이 가족의 금융 자산과 섞이면 애매해진다. CMA 통장을 따로 만들어서 각자 관리하자.

개인적으로 관리하는 비자금이 없다면 배우자 몰래 지출해야 할 때 빚을 쓰게 될 수도 있다. 매달 용돈을 받는 입장에서는 자잘한 빚을 청산하기란 무척 어렵다. 그러다 보면 덩어리가 커지고, 시간이 흐를수록 해결하기가 더 어려워진다. 신뢰가 바탕이 되어야 하는 결혼생활에 사소한 돈 문제로 큰 갈등이 생길 수 있다. 비자금 통장의 존재를 서로 인정하고 그 통장으로 지출하는 것에 대해서는 간섭하지 말자. 사랑한다고 모든 것을 오픈하고 서로 간섭해야 하는 것은 아니다.

CASE | 4

가족의 보험
리모델링하기

"결혼하여 두 아들을 두고 있는 40대 중반의 주부입니다. 얼마 전 아파트에 당첨되어 계약을 했습니다. 앞으로 2~3년 동안 중도금과 잔금을 마련해야 하는데 걱정이 태산 같습니다. 어떻게 할까 궁리하다가 이번 기회에 보험을 리모델링할까 하는 데까지 생각이 미쳤습니다. 매월 나가는 보장성 보험만 9개에 63만 원 정도인데 무엇을 없애야 할지 잘 모르겠습니다. 어떻게 하면 손해를 적게 보면서 가족의 보장도 튼튼하게 설계할 수 있을까요?"

  주변 사람들의 말에 휘둘려, 친구를 도와주기 위해서, 친척의 압력에 알음알음 가입하게 된 보험……. 어느새 독이 되어

버렸다. 보장도 좋지만 매월 보험료를 낼 때가 되면 허리가 휠 지경이다. 보험료 때문에 남들 다 하는 저축도 제대로 못 해봤다. 해약하면 친구나 친척이 피해 보는 것은 아닐까 걱정도 되고, 원금이 손실되는 것도 아까워서 해약을 못 하겠다. 에이, 모르겠다. 넣다 보면 언젠가 원금은 건지겠지.

가족력을 고려하라

질병이나 상해로 치료를 받은 기록이 있으면 보험을 신규로 가입하는 데 많은 제한이 있다. 가족들의 보험을 리모델링할 때는 기존의 병력이나 치료 사항 때문에 신규로 가입할 때 제한 사항이 있는지 먼저 알아봐야 한다. 특히 실손의료비보험은 병력이 있을 때 가입이 특히 더 까다롭다.

양가 부모님의 지병에 대해서도 신경을 써야 한다. 대부분 암이나 혈압 등의 질병은 유전적 요인이 있고 같은 식습관과 생활습관을 갖고 있기 때문에 비슷한 병에 걸릴 확률이 높다. 가족력에 대해서는 보장에 특히 신경 써야 한다.

중복된 보장, 과감하게 정리하라

보험을 여러 개 가입하다 보면 일부 보장 항목에 대해 과도하게 보장이 많이 되는 경우가 있다. 이는 그만큼 쓸데없이 보험료를 많이 부담하고 있다는 뜻이다.

실손의료비는 의료 실비의 70~100%(가입 시기별로 다름) 범위에서 보장해주기 때문에 기본적인 치료비는 대부분 실손의료비보험으로 해결할 수 있다. 중증 질환에 관해서도 국민건강보험의 보장 범위가 넓어지고 본인부담률이 적어지고 있는 추세다. 때문에 민간보험에 가입할 때는 최소의 비용으로 최대의 효과를 얻을 수 있는 정도에서 보장책을 마련하는 것이 중요하다.

최근 스쿨존 교통사고에 대해 강력하게 처벌하는 '민식이법' 때문에 가입이 늘고 있는 운전자보험 또한 건강종합보험에 적은 보험료로 통합해 가입할 수 있다. 중복되는 보장은 과감하게 정리해서 만 원이라도 보험료를 아끼자.

치료비 보장은 당장, 사망보장은 필요한 만큼만

보장 내용 중 가장 중요한 사항은 입원 의료비와 외래 의료비, 즉 의료 실비에 대한 보장이다. 가장 먼저 가족들의 치료비를 보장하는 보험으로 보장의 뼈대를 세워야 한다.

그다음 중요한 것은 자녀들이 독립할 때까지 가족을 지켜주는 경제적 가장의 만일의 사망에 대비한 사망보장이다. 자녀가 어리면 사망보장을 크게 해야 하고 자녀가 성장할수록 사망보장은 그만큼 줄여도 된다. 시간이 흐를수록 이미 해결한 비용이 있고 가계의 자산이 증가하므로 꼭 필요한 사망보장 금액은 매년 줄어드는 것이 일반적이다.

보험은 경제적으로 준비가 안 됐을 때 위험을 관리하기 위해 필요한 수단이다. 자녀가 독립한 이후까지 사망보장을 받으려면 보장 비용을 많이 내야 하므로 큰 낭비가 될 수 있다. 과학과 의료기술의 발달로 평균 수명이 늘고 있다는 점도 주목해야 한다.

가장의 사망 보장은 자녀가 어린 경우 보장을 크게, 자녀가 성장할수록 축소하는 방법으로 설계해야 비용을 최대한 아낄 수 있다.

사망만 보장하는 보험은 과거의 병력이나 치료 사항에 대해 실손의료비보험에 비해 가입이 유연한 편이다. 가족력이 없거나 건강하다면 필요한 시기에 필요한 만큼 최소의 비용으로 사망보장 금액을 추가하는 것도 좋은 방법이다. 종신보험처럼 비싼 보험이 아니라 아이들 독립하는 시기까지만 저렴하게 보장받게 설계할 수 있는 정기보험을 이용하면 된다.

보장성 보험, 사망하지 않으면 내 돈이 아니다

보험 리모델링에서 가장 큰 장애 요소는 해약환급금이다. 보험은 해약하면 원금에 훨씬 못 미치는 환급금을 받는다. 그러다 보니 골칫덩어리면서도 원금이 아까워 해약을 못 하는 경우가 대부분이다. 보장이라도 제대로 되어 있으면 괜찮은데, 그렇지도 않을 때가 많다. 이럴 때는 정말 이러지도 저러지도 못한다. 머피의 법칙이라고, 이럴 때 보장이 안 되는 질병에 걸리거나 사고를 당하면 낭패를 보기 십상이다.

해약환급금을 손해 보는 것에 대해서는 그 기간의 보장에 대한 비용으로 생각하면 한결 마음이 편하다. 대부분의 보장성 보험은 사망하거나 크게 아프지 않으면 보험 안에 들어 있는 적립금을 찾아 쓸 수 없다. 찾아 쓸 수 있는 보험이라면 당연히 보험료가 더 비쌀 것이다.

또 40~50년 후에 받을 수 있는 만기환급금이나 해약환급금은 인플레이션을 감안할 때 말 그대로 '껌값'이 될 수 있다는 것도 간과하지 말아야 한다.

그래도 억울하면 해약환급금을 재투자하고 매월 줄어드는 보험료 차액분을 저축하면 불과 몇 년 안에 손실을 만회할 수 있다. 원금 회복 이후에는 더 많은 돈을 모아 필요한 목적에 맞게 사용할 수 있다. 무엇보다 중요한 것은 보험료는 줄이면서 보장은 알차게 받을 수 있다는 점이다(물론 기존에 보장성 보험료를 적게 내고 있었다면 리모델링 후 보장 항목을 추가하며 보험료가 증가할 수도 있다.).

일반적으로 40대 부부의 4인 가구 기준으로 보장성 보험료는 30만 원 내외면 충분하다. 그 이상을 보험료로 지불하고 있다면 리모델링해서 보험료를 줄일 수 있는지 확인해봐야 한다. 만일 내용이 어려워 리모델링을 어떻게 해야 할지 잘 모르겠다면 주변에 믿을 수 있는 전문가에게 부탁하는 것도 효과적인 방법이다.

마흔의
재무 관리법

"올해 마흔이 되니 돈을 모으기보다 지출이 많아집니다. 아이가 한 명 있고 아내와 연봉을 합치면 약 9,000만 원 정도 됩니다. 전세 계약할 때 받은 대출이 아직 남아 있지만 조만간 집을 마련할 생각입니다. 자동차는 두 대 몰고 있고 주식과 예금, 적금도 조금씩 갖고 있습니다. 둘 다 바쁘다 보니 유치원 비용에 미술학원, 육아 도우미까지 쓰고 있어 돈을 버는 건지 쓰는 건지 모르겠습니다. 목돈을 어떻게 활용해야 할지도 잘 모르겠습니다. 온통 모르는 것투성이입니다. 노후를 생각하면 막막합니다."

마흔 살, 한참 들어가는 돈에 정신을 못 차리겠다. 쏠쏠히 들어가는 아이 사교육비는 줄어들 것 같지 않다. 2년마다 이사 다니는 것도 힘들어 집도 한 채 장만해야겠다. 세 식구가 살려면 아무래도 30평대 아파트는 돼야 할 것 같다. 총각 때부터 끌던 자동차는 영 부실하고 아무래도 튼튼한 차로 바꿔야겠다. 결혼 후 아이 낳을 때 잠깐을 빼고는 죽 맞벌이를 해왔다. 그동안 많이 벌어서 안 쓰고 모은 것 같은데 모인 돈은 얼마 되지 않는다. 그동안 눈앞에 닥친 것부터 해결하고 사느라 남들 다 들어 놓은 연금조차 없는데……. 도무지 무엇부터 해야 할지 영 감이 안 잡힌다. 어찌하면 좋을까?

인생 설계도부터 다시 짜보자

마흔에 자녀가 있다면 한참 돈이 많이 들어가는 시기다. 그런데 이 시기가 피크가 아닌 시작에 불과하다. 시간이 흐를수록 부담이 커지는 자녀 교육비와 주택 구입비를 생각하면 아찔해질 것이다. 앞으로 대출도 갚아야 하고 부부의 노후 생활비도 준비해야 한다.

지금은 맞벌이라도 가능하지만 고용이 불안한 시대이므로 미래에 둘 중 하나가 직장을 그만두어야 하는 상황이 올 수도 있다. 지금부터 정신 바짝 차려서 인생 설계를 다시 하지 않으면 노후까지 쪼들리는 인생이 계속될 가능성이 높다.

오늘 부부가 머리를 맞대고 앞으로 살면서 필요한 자금을 다시 한번 계산해보자. 가지고 있는 통장을 다 꺼내 놓고 제대로 납입하고 있는지도 체크해보고 가계부도 함께 점검해보면서 쓸데없이 지출하고 있는 내역들을 찾아내서 줄일 수 있는지 상의해보자. 지금부터라도 허리띠를 꽉 졸라매서 한 달에 얼마나 더 저축할 수 있는지도 계산해보자.

시작이 반이라고, 계획을 잘 세우고 잘못된 것들을 바로잡아 실천한다면 충분히 준비할 수 있다. 고민하기 귀찮다고 피하면 인생 항로가 험난해질 것이다. 지금 당장 인생 설계를 다시 시작해 걱정 없는 미래를 위한 최소한의 준비라도 시작하자.

자녀 사교육비 지출은 '시테크' 개념으로

맞벌이라면 외벌이보다 자녀의 사교육비 지출이 더 많을 수밖에 없다. 친정이나 시댁에서 자녀를 돌봐주지 않는 한 부모가 퇴근 전까지 아이들이 있을 만한 곳을 찾아야 한다. 방과 후 학교든 학원이든 부부 중 한 사람이라도 퇴근해서 집에 들어올 때까지는 아이가 안전하게 공부하고 놀 수 있는 곳을 찾아야 한다. 무료로 아이를 돌봐주는 곳이 없다 보니 비용이 많이 들 수밖에 없다.

교육비 지출에서도 '시테크'를 반드시 생각해야 한다. 최소한 지금부터 대학 졸업 때까지 교육비와 투입할 수 있는 자원을 계산해서 적절한 시점에 적절하게 교육비를 투입해야 한다. 사교육은 꼭 필요한 것만 빼고 과감히 줄여서 그 이후에 필요한 교육비에 투입해야 한다.

최소한 대학을 졸업할 때까지는 자녀에게 학비에 대한 부담을 지우지 말아야 한다. 지금처럼 취업조차 험난한 세상에서 취업 준비를 위해 공부할 시간에 아르바이트로 대부분의 시간을 빼앗기면 자녀의 미래는 힘들어진다. 지금부터 아이들에게 꼭 필요한 사교육만 시키고 남은 여력은 큰 목돈이 드는 자녀의 대학 학자금 준비부터 시작하자.

'영끌' 내 집 마련, 인생의 또 다른 함정이 될 수도

인생을 살면서 가장 큰돈이 필요한 재무 사건은 자녀 교육과 주택 구입 그리고 노후 준비다. 평범한 대부분의 사람들이 이 세 가지 모두를 완벽하게 해결하기는 불가능하다. 결국 세 가지 중 한 가지는 욕심을 버려야 한다. 세 가지 중에 하나를 버린다면 주택 구입이겠지만 쉽게 포기할 수 없을 것이다. 지금처럼 눈만 뜨면 집값이 올라가는 시기에는 '영끌'을 해서라도 주택을 매매하지 않으면 평생 내 집 마련이 어려울 거라는 조바심을 이겨내기 힘들기 때문이다. 하지만 '영끌'해서 무리하게 집을 사면 그 이후의 삶은 고달파진다. 집을 사지 말아야 한다는 이야기는 아니다. 무리하지 말라는 이야기다.

무리한 대출을 받아 주택을 구입하는 순간 모든 것이 어그러질 수 있다. 집을 깔고 살면서 치러야 할 대가가 너무 크기 때문이다. 매월 지불해야 하는 대출 원리금 상환 때문에 생활이 빠듯해지고 노후 준비는 거의 하지 못하게 된다. 지금은 역사상 유례없는 초저금리지만 만일 2008년처럼 주택담보 대출 금리마저 크게 오르면 가정 경제가 휘청거린다. 허리가 휘어질 정도로 빚만 갚다가 부채가 잔뜩 낀 집 한 채를 껴안고 걱정이 가득한 채 노후를 맞이할 가능성이 높다.

그나마 비용이 적게 드는 주택을 구입할 수 있는 계획을 세우고 자금을 모으자. 주택 구입 자금의 최소 60% 정도가 준비된 후 현금 흐름에 문제가 생기지 않는 선에서 내 집 마련을 실행해야 그 이후의 삶이 예측 가능해진다. 아마 지금처럼 집값이 치솟을 때는 집을 살 수 있는 때가 오긴 올까라는 의구심이 들겠지만 어쩔 수 없다. 내 집 마련을 못 할지도 모른다는 불안감에 무리한 대출로 주택 구입을 결정하는 순간 앞으로의 삶은 자산을 불리는 인생이 아니라 메꾸는 인생이 될 것이다. 자칫 잘못하면 꼭대기에서 집을 사서 집값 하락과 대출 원리금 상환의 이중고에 시달릴 수도 있다.

다시 한번 기억하자. 자녀 교육자금, 주택 구입자금, 노후 자금, 이 세 가지 모두를 완벽하게 해결할 수 없으므로 반드시 선택과 집중을 해야 한다는 것을.

아이가 독립한 뒤 우리 부부는?

노후 준비를 자꾸 뒤로 미루다 보면 평생 잘해야 집 한 채 말고는 노후를 준비하기 어렵다. 그것도 대출이 잔뜩 남은 집일 가능성이 높다. 40대에 노후 준비를 시작하는 거라면 저축 여력의 20~30%는 연금 상품에 넣길 바란다. 집으로 노후 대책을 했다가 막상 노후에 집이 안 팔리거나 집값이 떨어질 수도 있고, 요즘 인기를 끌고 있는 주택연금은 그때 가서 제도가 어떻게 바뀔지 알 수 없다. 주식이나 펀드로 재테크를 해서 모으려고 해도 어느 순간 그 돈이 다른 돈과 섞여 연기처럼 사라질 수 있다.

노후를 위한 강제 저축은 반드시 필요하다. 아무리 다른 곳에 돈을 쓸 곳이 있어도 절대 손을 대지 못하게 만들어 놓아야 한다. 그래서 노후 자금은 연금 상품으로 만들어야 한다. 현재 돈 쓸 일이 많다고 해도 지금 당장 수입의 20~30%를 따로 떼어 놓지 못하면 평생 노후를 준비할 시간과 경제적인 여력은 없다.

인센티브 굴리는 방법

일정한 시기에 목돈으로 인센티브를 주는 회사들이 있다. 인센티브라는 것이 말 그대로 확정된 금액이 아니라 매년 변하는 성과급이기 때문에 금액을 정확히 예상하기 쉽지 않다. 그렇지만 나오는 시기는 알 수 있다. 평균 얼마 정도 나올지도 직장 생활을 여러 해 했다면 예상할 수 있다.

저축 계획을 잡을 때 연간 합산 인센티브를 12로 나누어 매월 정기적인 저축이나 투자로 돌리면 다른 데 쓰지 않고 잘 모을 수 있다. 인센티브로 연간 1,200만 원을 받았다면 12로 나누어 매월 100만 원씩 저축 계획을 잡으면 된다. 결국 연말에는 인센티브로 받은 목돈은 0이 되고 내가 매월 100만 원씩 저축이나 투자를 한 돈에 이자나 투자 수익이 덤으로 붙어 있을 것이다. 인센티브는 고가의 소비재를 사는 돈이 아니라 저축을 하는 돈으로 인식하자.

물론 돈을 잘 관리하는 사람들은 목돈 전체를 수익률이 높은 곳에 한 번에 투자할 수도 있지만 인센티브는 한 번이 아니라 몇 차례에 걸쳐 나오는 경우가 많아 번거로운 일이 될 수도 있다. 복잡한 세상에 자동적으로 움직이는 시스템을 만들어 두면 특별히 신경을 쓰지 않아도 자동적으로 저축 및 투자가 가능하다는 점을 활용해보자.

자금의 우선순위를 정하고 통장을 쪼개자

살면서 벌어지는 재무적인 사건에는 주택 구입이나 자녀 교육, 노후 자금같이 꼭 필요하고, 그것을 해결하기 위해서는 반드시 미리 준비해야 하는 것들이 있다. 반면에 여력에 따라 준비해도 되고 준비하지 않아도 되는 것도 있다.

일단 꼭 필요한 재무 목표들을 적어보고 필수적인 비용을 산출해야 한다. 목표들의 중요도도 서열을 매겨본다. 현재 긴급히 해결해야 할 일과 반드시 준비해야 할 목표를 놓고 우선순위도 정해본다. 그리고 그런 사건들에 얼마의 비율로 자산을 투여할지 결정한다. 어떤 수단을 이용할지도 생각해보자. 모든 것이 결정되면 목적 자금별로 각각 통장을 만들어 동시에 출발해야 한다. 통장마다 이름을 붙이고 섞이지 않게 하며, 가능하면 그 통장은 이름대로 사용하는 것이 좋다.

또 한 가지 염두에 둘 것이 있다. 시간이 흐르면서 해결 완료된 자금이 있고 새로 필요한 자금이 생긴다. 매년 정기적인 점검을 통해 각 목표에 투입된 비율을 조정해보자. 결국에는 모든 재무 목표들을 만족스럽게 달성할 수 있게 될 것이다.

그렇지 않고 급한 목표 한두 가지에만 매달려 목표를 해결하는 방법으로 자산을 관리하면 뒤에 남은 목표는 달성하지 못할 가능성이 높다. 40대에는 시간이 많지 않다. 지금부터라도 인생에 필요한 재무 목표를 해결하기 위한 각각의 통장을 갖춰서 돈을 모아 나가자.

내 은퇴통장 사용설명서

**국민연금부터 필수 연금, 보험, 상속까지
노후 현금흐름이 불어나는 퇴직 전 돈 수업**

이천 지음 | 값 18,000원

**기업체 은퇴 재무수업 1타강사가 공개하는
퇴직 예정자들이 가장 궁금해하는 돈 이야기**

국민연금 더 받을 수 있나요? 퇴직금에 떼는 세금 7,000만 원, 어떡하죠? 개인연금이 없는데 지금이라도 가입할까요? 국민연금 많이 받으면 세금이 많다던데요? 돈이 많아도 적어도 두려운 은퇴 후 돈 이야기, 그 모든 고민의 해답을 책에 담았다. 건물주가 아니어도, 자산가가 아니어도 돈 걱정 없는 노후 준비는 충분히 가능하다. 대기업 및 지자체에서 은퇴 재무설계 1타 강사로 꼽히며 퇴직 예정 직장인을 대상으로 300여 회 이상 강의를 진행해온 저자 이천은 정확한 강의 자료와 실제 상담을 바탕으로 이론과 실재를 결합한 현실적인 은퇴 재무설계 전략을 《내 은퇴통장 사용설명서》에 담았다.

나는 노후에
가난하지 않기로 결심했다

한 달 30만 원으로 레벨업하는
ETF 연금저축의 기적

서대리 지음 | 값 16,500원

"연금저축, 이건 미친 상품입니다!"
초고속 인플레이션, 월급을 녹이는 환경 속
누구나 쉽게 부유한 노후 준비하는 법

한 달에 30만 원씩 모으면 죽을 때까지 매달 연금으로 300만 원(세전)씩 받으며 살 수 있는 방법이 있다. 나라가 밀어주고 시간이 불려주는 '연금저축펀드' 계좌를 개설해 운용하는 것이다. 연금저축 전문 인기 유튜버 '서대리'는 이 책에서 연금저축펀드 계좌를 통해 쉽고 여유롭게 돈을 불려 노후에 넉넉한 현금흐름을 만드는 방법을 친절하게 설명한다. 거기에 또 다른 절세상품인 IRP계좌와 ISA계좌의 개설 방법부터 규정을 뛰어넘는 활용법을 담아 직장인들이 반드시 돈 버는 절세 금융상품정보를 총 망라했다.

3인 가족 재테크 수업

부부와 외동아이, 돈에서 자유로워지는

지은이 이천 | 경제경영·재테크 | 값 14,500원

"아이는 하나인데 왜 돈은 더 많이 쓸까요?"

아이가 하나라 가족끼리 결속력도 크지만 리스크도 안고 있는 3인 가족. 대한민국 1세대 재무설계 전문가가 100여 케이스가 넘는 3인 가족과의 상담을 바탕으로 3인 가족이 반복하게 되는 함정과 반드시 준비해야 할 3가지 재무 이슈인 자녀교육비, 내집마련, 노후준비를 바탕으로 3인 가족의 행복을 만들어갈 현실적인 재무 설계 방법을 공개한다.

내 청약통장 사용설명서

청약통장은 있는데 청약은 모르는
3040 무주택자를 위한 내 집 마련의 기본

지은이 눈을떠요 | 경제경영·재테크 | 값 14,600원

"청약통장, 언제까지 묵혀둘 건가요?"

시세보다 15~30% 저렴하게 새 아파트를 마련할 수 있는 가장 쉽고 안전한 방법, 청약. 청약통장은 만들어두었지만 쓰지 못하고 묵힌 돈만 아까워한다. 정부에서 실수요자를 위한 강력한 부동산 정책을 펴고 있는 지금, 내 집 마련을 고민하는 3040에게 최근 업데이트된 부동산 정책을 바탕으로 부동산의 기본 개념 정립부터 개인별 맞춤 청약 실전 전략까지 알려주는 친절한 내 집 마련 입문서.

탐나는 프리미엄 마케팅

비싸고 더 잘 팔리는 브랜드의 경험 설계 전략

지은이 최연미 | 경제경영·재테크 | 값 14,500원

"우리가 마케팅하면 시장 규칙이 바뀐다, 돈을 쏟아붓지 않아도"

비싼데도 사람들이 열광하는 브랜드는 어떻게 마케팅한 걸까? 기존에 없던 방식으로 새로운 시장을 발빠르게 개척하는 글로벌 브랜드들의 마케팅 설계도를 『탐나는 프리미엄 마케팅』에서 파헤친다. 두산그룹 전략팀, 두산매거진 〈GQ〉 브랜드매니저로 근무했고 한국에 쉐이크쉑을 성공적으로 론칭시킨 저자가 그간 경험하고 교류한 수많은 프리미엄 브랜드의 성공 공통분모를 찾아 이 책에서 풀어냈다.

나는 코스피로 돈 벌어 해외주식 산다

주식 사는 습관으로 경제적 자유 얻는 법

지은이 마준원 | 경제경영·재테크 | 값 14,000원

"한국주식부터 해외주식까지, 장기적 수익 내는 주식투자 길라잡이"

주가가 오르면 수익이 올라서 즐겁고, 주가가 떨어지면 싼 값에 좋은 주식을 살 수 있어 행복하다. 적은 돈으로 주식을 시작해 코스피와 미국, 중국, 베트남 주식시장에 투자해 안정적인 수익을 낼 수 있는 쉽고 안전한 투자 방법을 알려준다. 서울과 경기도에서 주식투자 스터디와 강의를 하며 많은 이들을 주식의 세계로 안내한 저자의 왕초보 주식투자 가이드.

잡지의 사생활

미감과 호기심, 대화와 물건으로 이루어진 매체를 서울에서 만드는 일에 대하여

지은이 박찬용 | 에세이 | 값 14,000원

"책보다 빠르고 신문보다 깊은 매체를 만드는 창의적 노동에 관하여"

욕망을 자극하는 화보부터 속 깊은 인터뷰, 차가운 칼럼까지, 월간 〈에스콰이어〉 피처 에디터였고 현재 매거진 〈B〉 에디터인 박찬용이 잡지를 만든 경험과 고민, 매체 안팎에 얽힌 궁금증, 잡지 에디터의 삶에 대해 이야기한다.

양에 집중하라

천재성과 효율을 만드는 점진적 과부하의 기적

지은이 박용환 | 인문 | 값 14,000원

"양量의 누적으로 세상을 바꾼 점진적 과부하의 파괴력을 밝히다"

효율·비효율의 좁은 시야에서 벗어나 역사적, 사회적 패러다임시프트를 일으킨 '평범한 사람들'의 생을 조명하고, 실패자 또는 퇴물에서 천재가 된 이들의 숨은 과정을 통해 효율성만 추구하는 현 세태에 우직한 한 걸음이 세상을 바꾼 방법론을 밝힌다.

나이 들면 즐거운 일이
없을 줄 알았습니다

단단하고 행복해지는 중년, 삶의 새로운 속도와 리듬

지은이 전윤정 | 에세이 | 값 14,000원

"나이 드는 몸 이야기 말고 나를 행복하게 해주는 방법이 이렇게 많았다니"

나이 먹으면 친구를 사귀지 못할 줄 알았고, 나이 먹으면 즐거운 일이 없을 줄 알았다. 하지만 삶은 예상치 못한 곳에 선물을 숨겨놓았다는 것을 알게 되었다. 여성사회학적 관점을 바탕으로 변해가는 중년의 몸과 출렁이는 마음을 진단하고, 나다운 삶을 살아갈 지혜와 방법을 재치 있고 유머러스하게 전한다.

생활의 미학

비우며 발견하는 행복, 나와 친해지는 시간

지은이 고명한 | 에세이 | 값 13,500원

"삶의 본질은 밖이 아닌, 단순하고 반복적인 일상 안에서 찾는 것입니다"
네이버 블로거 '본질찾기'가 전하는 비움의 철학과 생활의 노하우

갖추지 않고도 풍요로운 삶을 살 수 있는 방법을 제안하고, 덜어냄으로써 다 갖추게 된 소박한 일상 속으로 우리를 초대한다. 키친타올 대신 안 입는 옷과 천을 잘라 쓰고, 장을 볼 때는 장바구니와 육류 보관통을 준비해 랩과 비닐 사용을 줄인다. 자연과 친해지며 지혜로워지는 인생을 궁리하는 삶을 공유한다.

나를 치유하는 부엌

삶의 허기를 채우는 평범한 식탁 위 따뜻한 심리학

지은이 고명한 | 에세이 | 값 15,000원

"세상 일은 예측 불가잖아, 하지만 요리는 확실해서 좋아"
2021 우수출판콘텐츠 선정작

네이버 인기 블로그 '본질찾기'의 운영자이자 고려대와 숙명여대에서 심리학을 가르치는 저자가 일상에서 마주하는 16가지 심리학 키워드를 고등어조림, 청국장, 삼계탕, 티라미수 케이크 등의 음식과 연결해 일상 속 위기의 근원을 파악하고 정신적 허기를 치유하는 지혜를 전한다.

어느날 중년이라는 청구서가 날아왔다

나를 흔드는 세상, 자존을 지키며 사는 법

지은이 고명한 | 에세이 | 값 13,000원

"우리는 조연이 되어가는 걸까"

중년에 닥쳐온 심리적 변이와 왜곡들을 털어놓고 이를 극복하기 위한 자신의 치유 방법, 즉 소유에서 벗어나는 삶을 제안한다. 대형 평수의 아파트부터 그릇, 옷까지 미약한 나의 자아를 덧칠하기 위한 소유의 덫에서 벗어나 적은 평수의 집에서, 필요 없는 물건을 선택하지 않을 지혜를 발휘하며 사계절 26벌의 옷만으로 '가난할 줄 아는' 삶을 엿보자.

내 통장 사용설명서 3.0

지은이 | 이천

1판 1쇄 발행 | 2009년 9월 21일
개정3판 1쇄 발행 | 2021년 10월 13일
개정3판 2쇄 발행 | 2024년 3월 4일

펴낸이 | 이한나
교정교열 | 윤지수
일러스트 | 혜즘
디자인 | 디박스

펴낸곳 | 세이지(世利知)
등록 | 2016년 5월 16일 2016-000022호
대표전화 | 070-8115-3208
팩스 | 0303-3442-3208
메일 | booksage@naver.com
ISBN | 979-11-897971-2-6 03320

책값은 뒤표지에 있습니다.

잘못된 책은 구입한 곳에서 바꾸어 드립니다.